조선의 작은 예수

서서평

: 천천히 평온하게

조선의 작은 예수
서서평
: 천천히 평온하게

지은이 | 백춘성
초판 발행 | 2017. 4. 7
10쇄 발행 | 2023. 12. 5
등록번호 | 제1988-000080호
등록된 곳 | 서울특별시 용산구 서빙고로 65길 38
발행처 | 사단법인 두란노서원
영업부 | 2078-3352   FAX | 080-749-3705
출판부 | 2078-3331

책값은 뒤표지에 있습니다.
ISBN 978-89-531-2765-4 03230

독자의 의견을 기다립니다.
tpress@duranno.com   www.duranno.com

두란노서원은 바울 사도가 3차 전도여행 때 에베소에서 성령 받은 제자들을 따로 세워 하나님의
말씀으로 양육하던 장소입니다. 사도행전 19장 8-20절의 정신에 따라 첫째 목회자를 돕는 사역과
평신도를 훈련시키는 사역, 둘째 세계선교(TIM)와 문서선교(단행본·잡지) 사역, 셋째 예수문화 및 경배
와 찬양 사역, 그리고 가정·상담 사역 등을 감당하고 있습니다. 1980년 12월 22일에 창립된 두란
노서원은 주님 오실 때까지 이 사역들을 계속할 것입니다.

조선의 작은 예수

서서평

: 천천히 평온하게

백춘성 지음

두란노

복음을 전하는 행동가

- 주선애(장로회신학대학 명예교수)

세상에 태어나 그 짧은 일생을 자기 신념대로 살다 가는 사람은 가장 행복한 사람입니다. 그런 면에서 서서평 선교사는 참 행복한 삶을 살았다고 생각됩니다. 그로 하여금 세상에서 그토록 특별하고 값진 삶을 살게 했던 것은, 예수님의 사랑에 녹아져 그분을 닮아보겠다는 집념이었다고 봅니다. 그는 위대해지고 싶어서도 아니었고 업적을 남기고 싶어서도 아니었을 것입니다. 그저 예수를 사랑하는 그 사랑에 이끌려 살았을 뿐일 것입니다. 남자 고무신을 신고 한복 차림으로 한국 고아를 업은 채 이리저리 뛰어다니는 미국 처녀, 그녀의 모습에서 우리는 예수님의 모습을 보게 됩니다. 서 선교사는 한국 여성에게 참된 삶의 모습을 보여준 우리의 지도자입니다.

그가 태어난 지 130여 년이 지난 오늘, 우리 여성들이 서 있는 자리는 어디입니까? 우리의 모습은 무엇을 보여주고 있습니까? 민족을 위한 고난보다는 나 하나의 평안을, 가난한 봉사자보다는 부유한 마나님 자리를, 못 먹고 못 입는 일꾼보다는 섬김 받는 리더 자리를 선택하는 우리네들이 아닙니까? 그는 말로 가르치는 지도자가 아니었습니다. 원칙을 소개하고 학설을 풀어주는 학자도 아니었고, 사회 사업 이론가도 아니었고, 교회의 부조리를 규탄하는 설교가도 아니었습니다. 그저 삶 자체로 복음을 전하는 행동가였습니다.

　그는 크면서 작은 일꾼이었습니다. 한국 여성을 국제 무대에 올려 놓을 만큼 큰 활동가이면서 환자 한 사람, 고아 한 명을 자상히 보살 펴주는 작은 일꾼이었습니다. 큰일을 하기 때문에 작은 일을 할 수 없다고 스스로 위로해온 우리 자신들이 얼마나 부끄러운지요. 그는 이름 붙이기 어려운 일꾼이었습니다. 미국 사람이면서 한국에 동화 된 사람이었기에 선교사 아닌 선교사였습니다. 또 간호사면서 간호 교육과 행정까지 했으니 단순한 간호사도 아니었습니다. 고아와 한 센병자들의 어머니였으며, 독립 운동가였고, 금주 금연 운동가였습 니다. 호남 지방에서 조력회라고 불렸던, 지금의 여전도회를 처음 시 작한 장본인으로 전국연합회 결성에도 공로를 세운 사람이었습니다.

　그가 눈을 감았을 때 광주에서 사회장을 할 정도였으니, 놀랄 만한 여성이었음이 분명합니다. '한국 기독교 여성의 본보기, 서서평'이라 고 이름 지을 수밖에 없는 사람입니다. 여성들의 일을 때때로 남성들 이 해주기도 하지만, 이 위대한 스승 서서평 선교사 일대기를 백춘성 장로님이 쓰신 것에 대해 고마움과 함께 부끄러운 생각마저 듭니다.

진정한 헌신과 섬김의 본

- 홍정길(남서울은혜교회 원로목사)

이 땅에서 이름도 빛도 없이 묵묵히 복음을 전하던 많은 여선교사님들이 계셨습니다. 그리고 그들의 노고는 오늘날 한국 교회를 이끄는 결정적인 뒷받침이 되었습니다. 남녀가 구분되던 조선에서 가정과 사회로부터 버려진 여인들과 고아들을 돌보며 복음을 전했습니다. 그중에서도 서서평 선교사님은 가장 먼저 앞서서 진정한 헌신이 무엇인가를 몸 전체로, 섬김이 무엇인가를 삶 전체로 우리에게 가르쳐 주셨습니다.

그 분의 노고는 이미 하나님 앞에서 영광과 찬송이 되었겠지만, 이 땅에서도 주님을 진실로 사랑하는 사람의 삶이 어떠한가를 보고, 그 길을 따라갈 수 있도록 백춘성 장로님께서 서서평 선교사의 삶을 이 책에 펼쳐내셨습니다.

성도의 삶은 천국으로 향합니다. 내 생애 가장 영광스러운 마감일을 준비하는 우리에게 한평생 천국을 사모했던 서서평 선교사님의 삶은 귀한 본이 될 것입니다. 한 여선교사의 삶을 통해 보여주셨던 주님의 놀라운 사랑이 책을 읽는 많은 분들께 큰 위로와 소망을 불러 일으켜주실 줄로 믿습니다.

하나님이 보내신 분

- 박은조(은혜샘물교회 담임목사, 은혜샘물 기독교 학교 이사장)

수년 전 서서평 선교사님에 대한 자료를 처음 접했을 때, 조선을 향한 그분의 크신 헌신이 너무 감사했습니다. 그리고 영양실조로 돌아가신 그분의 주검이 너무 가슴 아파서, 울고 또 울었던 기억이 지금도 생생합니다.

우리는 하나님을 육안으로 보지 못하지만, 하나님께서는 이런 귀한 분들을 통해서 하나님을 볼 수 있게 해 주셨습니다. 하나님을 뵙기 원하는 분이면 누구나 이 책을 읽기를 권합니다. 하나님이 우리를 위해서 보내신 서서평 선교사님을, 이 땅의 모든 성도들이 이 책에서 꼭 만나시기를 권합니다.

복음의 은혜를 입은 자

- 이재훈(온누리교회 담임목사, CGNTV 이사장)

서서평 선교사는 조선 땅에 올 이유가 없는 평범한 간호사였습니다. 당시 조선의 소식을 듣고 간호사로서 조선을 돕고자 과감히 이 땅에 왔습니다. 서서평의 선택은 복음의 은혜를 입은 자만이 할 수 있는 것이었고, 그 선택은 사랑과 헌신의 수고를 요구했습니다. 그녀의 삶은 철저하게 이타적이었고 가난하고 소외된 이들을 자신의 아이처럼 돌보고 양육했습니다. 이 책에 기록된 그녀의 일화들은 복음에 빚진 자가 어떤 삶을 살았는지 여실히 보여줍니다. 그야말로 작은 예수의 삶이었습니다. 그녀는 가난하고 병든 이들을 돕고자 자신의 식비까지 아끼느라 결국 영양실조와 과로로 54세의 이른 나이에 천국으로 갔습니다. 복음의 빚진 자로, 사랑과 헌신의 수고를 마다하지 않은 그녀는 "성공이 아니라 섬김이다"라는 메시지를 남겼습니다. 이 책을 통해 복음의 본질과 작은 예수로 살아야 하는 믿는 자의 삶에 대해 돌아보는 시간이 되기를 바랍니다.

간호 선교사의 위대한 생애

- 홍신영(前 대한간호협회 회장)

서서평 선교사는 조선시대 말 서양 의학이 전해질 당시 간호사로 이국 만리 이 땅에 와서, 갖은 고생을 겪으면서도 오직 그리스도의 박애 정신으로 우리나라 사람들에게 사랑의 봉사를 했던 분이다. 간호 교육을 위해 교과서를 번역하고 대한간호협회가 국제간호협회(I.C.N)에 가입할 수 있도록 적극적으로 추진하는 등 한국 간호계에 지대한 공로를 쌓았다.

간호사 E. L. 쉘스는 서 선교사에 대해 "서평은 군산과 광주뿐 아니라 서울 세브란스병원 등에서 여러 가지 사업과 교육에 헌신했습니다. 이외에도 긴급한 문제들을 해결하였고, 한국 간호 사업에 필요한 정책들을 위해 장기적인 계획을 세우는 등 모든 기회들을 최대한 이용하기 위해 애썼습니다. 그녀가 한국에서 간호사로서, 또 간호 교육자로서 이끌었던 사업은 상상할 수 없을 정도입니다"라고 했다.

책에 소개된 신기하고도 믿기지 않는 수많은 일화들은, 한국 여성 발전사에 관심이 있고 삶의 의미에 대해 깊이 고민하는 모든 이에게 큰 도움을 주리라 확신한다. 물질 중심의 현대 사조를 걱정하는 모든 지성인들에게, 또 미래를 위해 자기 수련 의지를 불태우는 젊은이들에게 서슴없이 이 책을 추천한다.

한국 여성 교육의 개척자

- 강택현(제1대 한일장신대학교 학장)

서서평은 한국의 여성들을 먹이기 위해서 자신은 못 먹었고, 그들을
입히기 위해서 자신은 헐벗었고, 그들을 돕기 위해서 뽕나무 밭이나
베틀에서 직접 노동을 한 선교사였다. 그렇게 봉사하고 전도하고 가
르치다가 한국 광주에서 일생을 마친 전도자였다. 육신적으로는 외
롭고 쓸쓸한 처녀 선교사였다. 그는 소유물뿐만 아니라 자기 자신을
가난한 자들과 한센병자들과 한국의 여성들에게 주었다. 그가 침상
에서 외로이 임종을 맞이할 때는 담요 반 조각만 덮고 있었다. 마지막
전 재산이었던 담요를 반으로 잘라 불쌍한 한센병자에게 주었기 때
문이다. 그에게 남은 것은 아무것도 없었다. 그는 내의까지 빼앗기고
돌아가신 예수 그리스도를 본받아 지극히 가난한 삶을 산 성자였다.

　서서평 선교사는 전주 한일여자신학교와 깊은 관계가 있는 분이
다. 이 학교는 미국 남장로교 한국 선교부에서 1923년 9월에 공식적
으로 설립한 여교역자 및 교회 여성 지도자 양성 기관이다. 설립 당시
에 전주와 광주에서 동시에 시작되었고, 교사 건축비를 헌금해주신
분들을 각각 기념하여 광주는 이일학교, 전주는 한예정학교로 불렸
었다. 그러다 1961년 4월에 선교부의 운영 방침에 따라 두 학교를 합
병하였고, 한예정의 '한'자와 이일의 '일'자를 따서 한일여자신학교
로 교명을 변경하여 운영했다. 그런데 서 선교사는 이미 1922년부터

자기 집에서 몇몇 여성들을 모아놓고 가르치기 시작했다. 그는 광주 이일학교의 사실상 설립자이며 초대 교장이었다.

서 선교사는 교회 여성 운동도 일으켰다. 여성들로 하여금 봉건적이고 폐쇄적인 자리에서 일어나 스스로 앞길을 개척하도록 도왔으며, 앞장서서 교회 봉사를 하게 함으로써 복음 전도 운동의 중요한 부분을 담당하도록 했다.

광주 금정교회(현 광주제일교회)에 최초로 부인조력회를 창설하여 여성들이 교회에서 봉사하도록 했고, 이일학교에서는 학생들에게 양잠과 직조 기술을 가르쳐서 앞길을 개척하도록 하였다. 실로 서서평 선교사는 한국 교회 여성 운동과 한국 여성 교육의 개척자라고 할 수 있다. 광주 사회는 그 공적을 인정하여 그가 세상을 떠났을 때 그 장례를 사회장으로 치렀던 것이다.

이렇게 고귀한 하나님의 사람, 그 아름다운 신앙 행적이 잊혀져가는 이즈음에 백춘성 장로님이 서서평 출생 100주년을 기념하며 그의 전기를 펴내게 되었다. 이는 진토에 묻혀버린 옥을 캐내어 다듬는 일이요 한국 교회 및 여성들에게 아름다운 신앙의 표본을 제시하는 일이기에, 그 노고에 감사드린다.

한국 여성 개화의 선구자

- 한완석(前 예장통합 총회장)

한 그루 낙락장송이 고목이 되어 넘어졌다면 큰집의 들보감이 쓰러졌다며 안타까워하겠지만, 무명초 한 포기가 심심 계곡에서 꽃을 피워 향기 내다가 사라졌다면 안타까워할 사람이 없을 것이다.

권세와 재물로 당대를 움직였던 거물이 세상을 떠나면 앞다투어 그의 전기도 쓰고 기념사업도 하면서 없는 공적이라도 만들어보려고 경쟁할 것이다. 하지만, 한 무명 인사가 자기를 희생하여 인류 사회에 무명탑을 쌓고 간다면 그를 찾는 사람이 별로 없으리라고 생각한다. 그러나 여기, 부유한 고국을 뒤로 하고 태평양을 넘어와 이 민족을 위해 소리 없이 자기 생명을 바친 한 젊은 여성 선교사를 기리고 세상에 소개하려는 수고가 있어 놀라움과 감사를 느낀다.

'남존여비'라는 가치관 속에 신음하던 여성들의 지위 향상을 위하여, 이 나라 개화기의 간호학계에 새로운 역사를 꽃피우기 위하여, 그보다 부름받은 성도의 한 사람으로서 교회에 봉사하고 전도에 힘을 바쳐 그리스도인의 모범을 보여주기 위하여 전력을 다하다가 이 나라에 뼈를 묻은 한 여성이 있으니, 이 책의 주인공 서서평 선교사다.

그는 미국 남장로교 의료 선교사로 파송을 받아 처녀의 몸으로 이 나라에 들어와 광주에 자리를 잡았다. 이후 기독교 병원의 간호사로,

제일교회 교인으로, 여성계의 지도자로 눈부신 활동을 하였다. 32세 때 이 땅에 처음 발을 디뎠고, 인생의 가장 귀한 한 토막을 바쳐 22년 동안 말없이 봉사하다가 54세에 세상을 떠났다. 더욱 놀라운 일은 세상을 떠난 후 자기의 시신마저 의학계의 연구 재료로 바친 것이다. 문자 그대로 생명과 육신을 송두리째 이 나라를 위해 바치고 가신 분이다. 그러기에 그녀가 세상을 떠났을 때 광주 시민들이 일어나 그의 장례식을 맡았던 것이다. 이것은 광주에서 처음 있었던 사회장이라고 한다. 또한 그가 몸을 담고 봉사하던 제일교회는 그의 무덤에 비를 세워 후손들이 그의 삶과 죽음을 기억하도록 했다. 길손들의 왕래가 없는 한적한 양림동 선교사 묘지에 가면, 이 비석이 외로이 그의 무덤을 지키고 있다.

이 민족을 위하여 말없이 한평생을 바친 그녀의 숨은 공적을 찾아 세상에 알리려는 백춘성 장로님의 노고에 대해, 이 일을 해야 할 사람이 못하는 부끄러움을 느끼면서 심심한 감사를 드린다. 이 책을 통하여 서서평 선교사와 같은 그리스도의 일꾼들이 나타나기를 빈다.

위대한 선교사의 생애

- 모요한(Rev. John V. Moore, 미국 남장로교 파송 선교사)

서서평 선교사의 생애와 한국에서 봉사한 업적에 대해 하나님께 찬양을 드린다. 특히 한국 여성들에게 예수 그리스도의 귀한 복음을 전파했던 그녀의 역할에 대해 깊은 감사를 드린다. 1912년 그녀가 처음 한국에 왔을 때, 한국 여성들은 전통적인 관습상 아버지, 남편, 장남의 지배권 밑에서 살고 있었다. 당시 한국에서는 여성들이 가정을 가지는 것 외에 독립하여 다른 직업을 갖거나 개인적인 생활을 하는 것이 불가능했다. 서 선교사는 한국에 머물렀던 22년 동안, 예수 믿는 한국 여성들이 자기 자신으로서의 주체의식을 갖도록 큰 도움을 주었다.

직업적인 면에서 보면 그녀는 전문 간호사인 동시에 성경 교사로서 한국에 왔지만, 영적으로 깊고 따뜻하며 사랑이 넘치는 그리스도의 종이었다. 가장 큰 업적은 광주 이일학교와 한국간호협회, 부인조력회를 설립한 것이다. 한국 여성들이 참여권과 표현의 자유를 얻도록 돕고자 이러한 기관들을 시작했던 것이다.

그녀의 선교 생애를 떠올리면, 로마서 8장 28절에 나오는 "우리가 알거니와 하나님을 사랑하는 자 곧 그의 뜻대로 부르심을 입은 자들에게는 모든 것이 합력하여 선을 이루느니라"는 사도 바울의 말씀을 인정하게 된다.

어렸을 때 서서평 선교사는 여러 가지 어려운 경험을 했다. 독일에서 태어난 그녀가 세 살이 되었을 때 아버지가 돌아가셨고, 곧바로 어머니는 미국으로 이민을 떠났다. 할머니가 그녀를 맡아서 키워주셨으나 8년 후에 할머니마저 세상을 떠나자 그녀를 맡아 돌봐줄 친척이 아무도 없었다. 열한 살 된 소녀는 어머니의 주소만 갖고 대서양을 넘어 미국으로 갔고 극적으로 어머니를 찾을 수 있었다.

이처럼 어렵고 곤란한 경험들을 하면서 서 선교사는 틀림없이 마음에 상처를 입었을 것이고 깊은 좌절과 절망에 빠질 수도 있었을 것이다. 그러나 하나님은 이 모든 경험들을 통해 그녀가 크나큰 하나님의 일을 이룰 수 있게 하셨다. 서서평 선교사가 자신의 전 생애를 바치고 전적인 희생을 함으로써 하나님의 사역이 이 한국 땅에서 이루어진 것이다. 우리는 서 선교사의 후임 선교사들이다. 그녀의 생애를 살펴봄으로써 하나님이 이 귀한 사람을 어떻게 인도하시고 수련하셨는지 깨닫고 큰 영감을 받게 되길 바란다.

1부

나는 조선의 간호사입니다

홀홀단신 조선으로

서서평(徐舒平, 엘리자베스 쉐핑 Elisabet J. Shepping)은 1880년 9월 26일 독일에서 태어났다. 어렸을 때 아버지가 돌아가셨고 홀로 된 어머니는 세 살 난 서평을 할머니에게 맡기고 미국으로 떠나셨다.

할머니는 아버지 없이 자라야 하는 데다 포근한 어머니의 품마저 잃은 서평이 너무 가여웠다. 그래서 비록 늙은 몸과 까칠해진 손밖에 가진 게 없었지만 온갖 정성을 기울여 알뜰히 살뜰히 그녀를 길러주셨다. 때문에 서평은 할머니와의 정이 여간 깊은 게 아니었다. 할머니는 서평이 아비 없는 자식이라 버릇 없다는 소리를 듣지 않도록 하기 위해 행동이나 언어 등에 특히 관심을 갖고 전인 교육을 하기 위해 늘 애쓰셨다.

그러나 서평은 타고난 성격이 남성적이었다. 여자아이치고 장난이 심한 개구쟁이에다 왈가닥이어서 그를 길들이는 일은 할머니

힘에 부쳤다. 유명한 간호사 플로렌스 나이팅게일 역시 자녀 교육에 관심이 컸다는 그녀의 아버지도 다루기가 매우 힘들었다는 얘기가 있다. 발명왕 에디슨도 초등학교 선생님이 두 손을 들었다고 하지 않는가. 이 훌륭한 인물들처럼 서평도 어릴 때부터 그런 자질이 있었다.

어린 시절의 서평은 춤추기를 좋아했다. 집안에서가 아니라 밖에서, 그것도 빗속에서 춤추는 것을 더 즐겼다. 그러니까 비만 내렸다 하면 공부고 뭐고 다 팽개치고 맨발로 뛰쳐나가 주룩주룩 쏟아지는 비를 맞으며 춤을 추었다. 마치 하늘을 쳐다보며 비를 기다리는 농민처럼 비를 기다렸다고 한다. 그러니 비만 내리면 서평의 꼬락서니는 말이 아니었다. 연로하신 할머니는 그녀를 목욕시켜주는 것도, 넉넉지 않은 살림에 세탁을 자주 하는 것도 힘들었을 뿐만 아니라 감기에 걸리지 않을까 늘 걱정이셨다. 그래서 그러지 말라고 여러 모로 타일렀지만 서평은 막무가내였다.

할머니는 서평을 가톨릭교에서 운영하는 학교에 입학시키셨는데, 학교에는 부잣집 아이들이 많았다. 그들 틈에서 서평의 초라한 옷차림은 놀림거리였고 늘 따돌림을 당해 외톨이가 되었다. 친구들과 어울리지 못했던 그녀는 불만과 열등감을 느끼곤 했다. 그러던 어느 날 할머니마저 세상을 떠나시고 말았다. 유일한 기둥이며 보호자였던 할머니가 돌아가시고 나자 서평은 완전히 고아가 되었고, 하늘이 무너진 것처럼 암담하기만 했다. 고아로서의 쓰라린 생활은 오래 지속할 수 없었다. 서평은 열한 살이 되었을 때 어머니의 주소가 적힌 쪽지와 조그만 보따리 하나를 들고 미국으로 향했다.

영국 해협을 거쳐 망망한 대서양을 건너 미국 땅 에리스 섬에 도착했다. 당시 이 섬은 유럽에서 미국에 가려면 반드시 거쳐야 하는 곳이었다. 입국 수속이나 이민 수속을 이곳에서 해야 했기 때문이다. 어머니가 있는 미국 땅에 도착했지만, 어머니가 두 팔을 벌리고 기다리고 있는 것은 아니었다. 하지만 어머니가 있어야 입국 수속을 할 수 있었기 때문에 담당 공무원은 서평이 들고 있던 주소 쪽지를 보고 연락을 했다. 그녀는 어머니가 그 섬에 올 때까지 며칠을 기다려야만 했다.

서평이 독일을 떠날 때 보호자가 있었던 것도 아니고 손에 돈을 가지고 있었던 것도 아니다. 마치 거지같은 고아 신세로 길을 떠난 그녀에게는 차장들, 선원들, 손님들의 도움과 동정심이 여비였고 보호자였다.

차창 밖으로 지나가는 도시들과 공장 지대, 농촌, 푸른 산과 조용한 들, 유유한 강, 이 모든 풍경이 낯설었다. 배는 끝이 안 보이는 바다를 가르며 나아갔고, 그 쪽빛 바다는 거울같이 잔잔한가 싶다가도 성난 미치광이처럼 요란하게 파도를 쳤다. 갈매기는 느리기만 한 배를 조롱이라도 하는 듯 앞섰다 뒤섰다 하고, 짚더미만한 은빛 고기떼는 높이뛰기 자랑이라도 하는 것처럼 여기저기서 물 위로 펄쩍 솟았다 곤두박질치면서 사라졌다. 구름은 하늘에서 온갖 모양으로 탈바꿈했다. 하지만 서평에게는 이 모든 광경이 신기하지도 아름답지도 않았다. 우울과 고독 속에서 배고프고 춥고 외로

위 눈물만 흘러내릴 뿐이었다.

어쨌든 서평은 세 살 때 헤어진 어머니와 8년 만에 다시 만났다. 처음에는 둘 다 어리둥절했지만, 그동안 오가던 편지와 사진으로 모녀임이 확인되자 어머니는 딸을 와락 껴안았다. 서평은 "엄마 아!"하고 울음을 터뜨리며 엄마 품에 안겼다. 두 사람 모두 기쁨과 슬픔의 눈물을 흘렸다. 슬픔을 억누르거나 눈물을 아낄 필요가 없었고, 누가 보건말건 개의치 않고 마음껏 울었다. 미국에서 살게 된 서평은 어머니의 도움으로 뉴욕고등학교를 졸업했다. 졸업 후, 진로를 결정해야 할 때가 된 서평은 기도했다.

"하나님 아버지, 저는 무엇을 해야 할까요? 앞으로 해야 할 일을 알게 해주세요."

며칠 동안 밤을 새워가며 열심히 기도하는 가운데 문득 떠오르는 말씀이 있었다.

"예수를 본받아라!"

'예수님을 본받아라? 예수님이 무엇을 하셨지?' 이런 생각이 들자 한 성경 말씀이 생각났다.

"예수께서 온 갈릴리에 두루 다니사 그들의 회당에서 가르치시며 천국 복음을 전파하시며 백성 중의 모든 병과 모든 약한 것을 고치시니"(마 4:23).

'그래, 바로 이거야!' 싶었다. 교육, 전도, 환자 치료.

환자들을 치료하기 위한 직업으로는 간호사, 영적인 교육을 위해서는 선교사, 서평은 바로 이것이 자기가 해야 할 일이라고 느꼈다.

병으로 고통 받는 사람들을 도울 수 있는 간호사가 크리스천으로서 보람된 직업이라는 확신을 갖는 데 전혀 주저할 이유가 없었다.

간호사! 얼마나 아름답고 보람 있는 일인가? 그러나 어머니는 간호사라는 직업을 무시하셨다. 그런 어머니를 서평은 애써 설득시켰다. 간신히 허락을 받은 서평은 스물한 살 나이에 뉴욕 시립병원에서 간호학을 공부하게 되었다. 그러던 어느 일요일 아침, 동료 간호사가 기독교 교회 예배에 가보자고 권했고 서평은 따라나섰다. 가서 보니 예배 의식이 가톨릭 교회보다 한결 자유로웠고, 왠지 설교도 마음에 들었다. 다음 주일에도 다음다음 주일에도 빠지지 않고 계속 예배에 참석했다. 그러는 동안, 하늘나라는 나 자신이나 누군가가 행한 업적에 의해 가는 곳이 아니라 오직 나 자신을 하나님께 완전히 바쳐야만 갈 수 있는 곳이라는 믿음을 갖게 되었다. 결국 서평은 기독교로 개종하였고 문제가 생겼다. 어머니가 노발대발하신 것이다. 집안 대대로 믿어온 가톨릭교를 배반한 것이기 때문이었다.

"그렇지만 저는 기독교가 더 마음에 들어요."

"그러면 가톨릭교는 마음에 안 맞는다는 말이냐?"

"네, 안 맞아요."

"안 맞기는 왜 안 맞아! 네가 잘 몰라서 그런 거야."

"그럼, 모르는 것은 모른다 치고, 제가 알고 있는 것들은 모두 안 맞아요."

"네가 안다는 게 대체 뭐냐?"

"저는 독일에서 가톨릭교 학교에 다닐 때 옷이 초라하다고 따돌림 당했어요. 예수님은 가난한 사람들을 오히려 더 사랑하셨는데 그들은 나를 멸시했어요. 저는 그런 종교는 싫어요."

서평과 어머니의 언쟁은 계속되었다.

"그건 네가 어릴 적 일 아니냐? 철모르는 애들이 했던 짓이 어떻게 이유가 된다는 거냐?"

"지금도 마찬가지예요. 저는 어머니와 이론을 따지자는 건 아니에요. 단지, 의식이나 재물을 가지고는 구원 받을 수 없다는 게 확실해요. 저는 이것을 믿어요."

"그러면 너는 이단에 빠져 타락한 것이니 나하고는 절연이다! 어머니라 부르지도 말고 당장 내 앞에서 사라져라!"

서평의 어머니는 집안 망신이라고 호통을 치면서 대문 밖으로 끌어다 내치고는 문을 철커덕 잠가버렸다. 서평은 깊은 슬픔과 설움에 빠졌다. 십 년 전에 낡은 옷을 입었다고 같은 반 친구들에게 따돌림을 당했을 때나, 의지할 수 있는 유일한 사람이었던 할머니가 세상을 뜨셨을 때나, 배를 타고 에리스 섬에 와 어머니를 기다리고 있었을 때 받았던 고통보다 훨씬 더 큰 고통이었다. 태어나서 남들처럼 '아버지'를 한 번도 불러본 적이 없는 그녀였다. 게다가 미국에 와서 겨우 찾은 어머니가 이렇게 하시니 서평은 너무나 슬프고 화가 나 온몸이 덜덜 떨릴 정도였다.

이렇게 어머니로부터 내쫓기자, 서평은 자신을 전적으로 하나님께 맡기고 예수님만을 의지하겠다는 결심을 더욱 굳혔다. 간호학

공부를 마친 그녀는 브룩클린 유대인 병원에서 수석 간호사로 일하면서 미국에 이민 온 유대인 결핵 환자 요양소에서 봉사도 했다. 그러는 중에 성경을 공부하고 싶은 바람이 간절해졌다. 그래서 간호사로 일하며 저축했던 돈으로 뉴욕시립성서사범학교에 입학했고, W. 화이트 박사에게서 배우는 동안 그녀는 지식적으로, 영적으로 놀랍게 성장할 수 있었다. 저축했던 돈은 완전히 바닥났지만 간호사라는 직업이 있으니 세계 어디를 가나 생활은 꾸려나가리라는 자신감이 있었다. 신학교 공부까지 마쳤을 때 그녀는 서른한 살이었다.

그즈음 어느 날, 한 친구로부터 한국에 갈 정규 간호사를 모집하는 곳이 있다는 말을 들었다. 그 말을 듣고 서평이 찾아간 곳은 미국 남장로교 해외 선교부였다. 서평은 이곳 선교사로 파송받게 되었고, 일생을 하나님 사역에 헌신할 것을 굳게 서약했다. 1912년 2월 20일, 그녀는 백의천사로 백의민족을 위해 일생을 바칠 결심을 하고 한국으로 왔다.

우리말을 잘하는 선한 사마리아인

누가복음 10장에 강도 만난 사람의 예화가 나온다. 이 본문에서 '자비를 베푼 사람'은 간호사 역할을 두고 한 말이라고도 할 수 있다. 이 사람은 약을 바르고 싸매주었다. 거기서 그친 것이 아니라 안전한 곳으로 옮겨 계속 치료받을 수 있도록 해주었다. 간호 선교사 서서평은 여리고 도상에서 다친 이를 도운 선한 사마리아 사람의 정신으로 살았다. 우리나라에 온 이후 광주 제중병원과 군산 구암예수교병원을 거쳐 서울 세브란스병원에서 근무했는데, 당시 우리나라는 영토와 주권을 강탈당하고 역사와 사상은 갈기갈기 찢겨 상처투성이 상태였다.

서평은 여리고 도상에서 강도 만난 사람처럼 처참한 형편에 처해 있는 한국에 약을 바르고 감싸주는 데 그친 것이 아니라, 이 나라 이 민족을 안전한 곳으로 옮기는 데도 전력을 기울였다. 세브란스병원에서 일할 때는 간호사 일만 한 것이 아니라 3.1운동에도 가담하였고, 감옥에 갇혀 있는 애국지사들을 방문하여 필요한 물건들을 제공하기도 했다. 그러다보니 감시를 받게 되고 신변이 자유롭지 못하게 되어, 1919년에는 다시 광주로 내려갔다.

그녀는 제중병원 간호사로 근무하면서 선교 사역뿐만 아니라 지도자 양성학교도 설립하였고 여성 교육과 구국 운동도 했다. 또 금주동맹을 만들고 공창 폐지 운동을 전개했으며, 늘 생활 개선과 구제 사업을 외쳤다.

서평은 독일인 부모 사이에서 태어난 순수한 독일인이었으나 미국으로 건너가 자랐기 때문에 미국 시민권자였다. 그렇지만 그녀의 정신은 완전히 한국인이었다. 왜냐하면 한국과 결혼하여 한국으로 시집왔기 때문이다. 서평은 한국과 결혼한 이상 한국 윤리에 따르는 게 법이라고 생각했는데, 그 확고한 생각은 기독교 신앙심만큼이나 철저했다. 예수님과 혼인한 사람은 예수님만을 섬기고 오직 예수님만 바라보아야 한다는 것이 기독교 윤리다. 때문에 그녀는 미국에서 떠날 때 어머니에게 다시는 만나볼 생각을 하시지 말라는 말을 남기고 왔다고 했다.

그녀가 3.1운동에 가담한 것은 호기심에서도 아니고 일시적인 감정이나 어떤 의협심에서도 아니었다. 진실로 한국을 사랑하는 마음에서였다. 그녀는 입양한 자녀들과 같이 아침 저녁에 규칙적으로 드리는 가정 예배에서 한국 독립을 위한 기도를 빠뜨린 적이 없었다. 또 한국이 반드시 독립할 것이라는 확신을 가지고 있었다.

가정 예배에서 읽은 성경은 주로 출애굽기였다. 출애굽한 이스라엘 역사에 빗대어, 하나님 말씀은 영원불변하시고 하나님의 약속은 시간 차이가 있을 뿐 반드시 성취되고야 만다는 것을 강조했다. 일본에 지배당하는 한국의 상황은 이스라엘 백성이 애굽에서 노예 생활하던 과정과 같으며, 이스라엘이 애굽 바로왕의 압제에서 해방된 것처럼 한국도 역사를 주장하시는 하나님 뜻대로 산다면 소원을 이루어주시고야 만다고 했다.

한국은 이스라엘로, 천조대신을 신봉하는 일본은 애굽으로 비유해 가르쳤다. 아들 요셉을 그런 정신으로 교육시키면서 영어도 가르쳤지만 한국어 교육도 등한시하지 않았다. 그의 정확한 한국어 발음에는 만나는 사람 누구나 놀랄 정도였다. 요즘이야 '국어 사랑 나라 사랑'이라는 표어가 있지만, 당시에는 한글을 '언문'(상놈 글) 또는 '개글'이라 하여 글로도 취급하지 않았다. 그토록 한글을 천대하던 시대에도 서평은 한글의 존귀성을 인식하고 존중했다. 그래서 많은 서적을 한국어로 번역하는 데 온 힘을 기울였다.

한국간호협회에는 한국인 회원보다 미국인 회원 수가 많았는데도 한국어와 영어로 병기해오던 간호회지를 한국어만으로 해달라고 요청하는가 하면, 심지어 한국간호협회 회칙 제9장 3항에 '본회에서 사용하는 언어는 한국어에 한함'이라는 규칙까지 만들었다. 한글 말살 정책을 펼쳤던 일본의 학정 밑에서도 한글이 사라지지 않은 것은 이런 정신을 가진 사람들이 있어서였는지도 모른다.

서평이 철저한 한국 정신을 가졌다는 것은 간호사 총회에 제출한 그녀의 보고문에서도 볼 수 있다. 외국인이 말할 때 흔히 사용하는 '한국간호협회'라는 명칭보다 '우리 간호협회'라는 명칭을 항상 많이 썼다. 집에서는 한복을 즐겨 입었고, 식사도 보리밥에 된장이었으며, 아이를 업을 때도 한국 고유의 누비포대기로 받쳐 업었다. 그런 정신을 갖고 살았기 때문에 한국을 위한 일이라면 발 벗고 나섰다. 한국간호협회, 여전도회 연합회, 주일학교 협회, 금주동맹, 공창 폐지 기성회 등 수많은 단체들을 조직했고, 학교 설립이나 국제간호협회 가입 등 거창한 일도 했지만 사소한 일이라도 필요하다고 판단되면 빼놓지 않고 참여했다.

지금은 어디에서나 부모님을 '아버지' '어머니'로 호칭하고 있지만 그 당시에는 그렇지 않았다. 초등학교 교과서에나 '아버지' '어머니'라 씌어 있었지 전라도 지방에서는 '아부지' '어매'라고 불렀다. 서평은 이렇게 부르는 것을 보면 언제 어디서든 서슴지 않고 고쳐 부르도록 했다. 그리고 지방 사람들은 아버지에게는 '예' '하십시오' 같이 존칭을 쓰면서 어머니에게는 어린아이들도 '어이' '하소'라며 하대했는데, 서평은 이 또한 그냥 두지 않았다. '어이'나 '이러소' '저러소'는 양반이 상놈에게 또는 동기간에 쓰는 말이니, 어머니에게는 반드시 '예' '하십시오'라는 존칭을 써야 한다고 철저하게 국어 교육을 시켰다. 어머니를 어찌 상놈 취급할 수 있으며 동기처럼 대접할 수 있느냐는 것이었다. 다음부터는 꼭 그렇게 말해야 한다면서 약속의 표시로 1전짜리 동전 다섯 닢을 주곤 했다.

한번은 서평이 처음 만나는 남자 청년과 얘기를 나누게 되었다.

그런데 그 청년이 옛날식으로 머리를 기르지 않고 짧은 머리를 하고 있어서 어른인지 아이인지 구분이 가지 않았다. 당시만 해도 상투를 틀었는지 안 틀었는지를 보고 구별했기 때문이다. 존댓말을 써야 할지 말아야 할지 고민하던 서평은, 대화를 시작하기 전에 청년에게 이렇게 물었다.

"당신은 어른이십니까? 그렇지 않으면 네가 아이냐?"(강태국 목사 증언)

이 정도로 서평은 한국 풍속과 예의범절, 화법까지 철저하게 익히고 따랐다.

한번은 길거리에서 긴 치마를 바닥에 질질 끌며 지나가는 부인을 보고 다가가서 "예수님 믿으십시오"라고 말했다. 그런데 그 부인이 "나 예수 믿어요!" 대답하자, 서평은 허리를 굽혀 그 부인의 긴 치맛자락을 잡아올려 털면서 "그러시다면 이토록 긴 치마 안 입으시면 좋겠어요. 오늘만 입으시고 버리실랍니까? 이렇게 좋은 치마를!"이라고 말했다고 한다. 길을 걷다가 젖가슴을 드러낸 채 가는 여자를 보면 멈춰 붙잡고 서서 잘 가리도록 타이르고, 댕기머리 꼬리가 너풀거리면 빗을 주어 빗질하게 하며, 속치마가 보이면 잘 올려 입도록 말해주곤 했다. 여자에게 뿐만 아니라 남자에게도 엄격하기는 마찬가지였다. 주형옥 집사(지금은 목사)가 스물여덟 살에 장로로 장립되자 서평은 당사자 앞에서 "너무 이르지 않을까요?"라고 대놓고 말했다.

이런 식으로 서평 자신과 아무 상관도 없는 사람들의 옷매무새까지 신경을 쓰는 성격이어서, 개인이나 민족의 정도에서 어긋나거나 분수에 적합하지 않은 행동은 기어코 바로잡고야 말았다. 이런 일을 직접 당한 사람들 입장에서는 불쾌하다 보니 그녀를 못마땅하게 생각하고 비난하는 사람들도 더러 있었다. 그러나 서평은 예수님 명령대로 살겠다는 신념과 '선한 사마리아인'처럼 상처투성이 한국을 안전한 곳으로 옮겨놓겠다는 열정으로, 좋다고 생각되는 일이라면 누가 뭐라든 서슴지 않고 해내는 성격이었다.

그래서 제주도 서귀포시의 정동규 장로는 서평을 가리켜 "지나칠 정도의 한국인이었다"고 말하는가 하면, 한국간호협회의 부회장으로 서평과 함께 일했고 1927년에 캐나다에서 열린 국제간호협회 회의에 같이 참석했던 이금전 씨는 "그분은 착실한 신자로 한국 간호 사업에 헌신한 생애를 보냈다"고 회고한다. 또 당시 회원이었던 김정선 권사는 광주에서 한 번 만났던 서평에 대해 "열성적인 정열가이며 명랑하고 한국말을 잘했다"고 말한다. 세브란스 간호학교를 졸업한 이귀향, 구경태, 신인순 씨 등 역시 서평을 직접 만난 적은 없으나 한국 간호 사업에 대한 서평의 큰 공로에 대해서는 모두들 인정한다.

여성들에게 간호사라는 직업을

서서평 선교사가 간호학과 신학을 공부한 것은 생계수단으로 삼기 위해서가 아니라, 병을 고치고 영혼을 살리신 예수님의 사역을 따르려는 사명감에서였다. 예수님 당시에 많은 사람들이 예수님께 병 고침을 받았고, 그 이적을 본 사람들은 믿게 되었다(요 12:9-11). 예수님은 긍휼히 여기시는 마음에서 병자들을 고쳐주셨지만 그것이 복음 전파에 눈부신 성과를 이루게 했다는 것은 사실이다. 그래서 우리나라에 처음 들어온 선교사들 대부분도 의사였다. 서울의 세브란스병원을 비롯해 전국 곳곳의 기독교 계통 병원들도 복음 전파가 목적이었다고 할 수 있다. 서서평 선교사 역시 한국에 온 이유가 의료선교였으며, 그 보람찬 일에 대한 벅찬 꿈을 안고 온 것이다.

그녀는 첫 사역지였던 광주 제중병원에서 근무하는 동안 한국어 공부와 한국 풍속 익히는 일에 열심을 다했다. 여기 있는 4년 동안 한국 사정에 익숙해지자 군산 구암예수교병원으로 옮겨 1년 동안 지냈고 이후 서울 세브란스병원으로 옮겼다. 서평은 이 보람 있는 일을 한국 여성들과 같이 하고 싶었다. 하지만 당시 한국 사회와 관습 속에서는 쉽지 않았다. 마치 새장 안의 새처럼 집안에 갇혀 살아가는 한국 여성들을 '간호사'라는 직업 세계로 끌어낸다는 것은 거의 불가능한 일이었다.

이 일을 가능하게 하기 위해서는 먼저 한국 여성들의 의식을 개방시켜야 했다. 또 3.1운동 같은 데에 동참할 만큼 여성의 지위를 향상시켜야 했다. 그렇게 되는 한 방편으로 서평이 생각한 것은, 많은 한국 여성들이 간호사가 되는 것이었다. 그러나 그것은 배고플 때 밥 먹는 것처럼, 아니 일제 말엽에 한국 여성을 위안부로 끌고 가는 것처럼 수월하게 되는 일이 아니었다. 왜냐하면 여성을 천시하는 유교 사상이 오랜 세월 동안 전해져왔고, 간호사를 천한 직업으로 인식하고 있었기 때문이다. 게다가 일본인들처럼 강제적으로 할 수도 없었다. 이 난관들을 뚫고 나가기 위한 방법의 하나로 생각해낸 것이 바로 국제간호협회에 한국간호협회를 가입시키는 일이었다.

간호사라는 직업이 귀한 일이라는 것을 한국인들에게 인식시키는 데에는 이 길이 최선이었다. 입으로만 아무리 외쳐보았자 이미 천한 직업이라는 고정관념을 갖고 있는 한국인들에게는 쉽게 이해가 될 리 없었다. 눈을 세계로 돌려 시야를 넓게 해줌으로써 잠에서 깨어나게 하고 간호사의 고귀함을 보여주자는 의도였다. 또한 간호사가 되려면 무식해서는 안 되었다. 간호사는 반드시 교육을 받아야 했다. 그렇기 때문에 간호사가 된다는 것은 피동적이고 종속적인 입장에서 벗어나 한 인간으로서 책임감을 갖게 됨을 의미했다. 이 말은 곧, 순리에 따라 자율적이고 능동적인 인격체로서 자기 몫을 하게 된다는 것이다. 그러면 문화를 비롯해 모든 면에서 의식이 발달하며 국제 사회의 일원이라는 긍지를 갖게 된다. 이렇게 함으로써 한국 여성이 무지로 말미암아 잃었던 권위를 되찾게 되고, 국가적으로는 후진성을 탈피하여 선진국의 대열에 설 수 있다고 생각했다. 그래서 서평은 한국간호협회를 국제간호협회에 가입시키기로 한 것이다.

먼저 한국간호협회를 조직해야 했기에, 1923년에 자신이 발기하여 한국간호협회를 조직하고 회장을 맡았다. 그리고 약 3년 후인 1926년 국제간호협회(I.C.N) 제4회 정기총회에서 가입 여부를 물었고, 한국간호협회와 다른 간호협회를 1929년 캐나다에서 열리는 총회에서 가입시켜주겠다는 답장이 왔다. 이 단계에 오기까지는 많은 노력과 절차가 있었다. 가입 청원서 한 장을 제출한 것으로 된 일이 아니었다. 서 선교사는 한국간호협회를 조직하자마자 I.C.N 총무로 있는 친지와 이 일에 관해 연락하고 꾸준히 의견을 주고받았다. 1928년 5월 정기총회 때 서평이 제출한 '한국간호협회 만국연합 교육 통신 총무 보고'의 기록을 보면 그러한 사실을 알 수 있다.

"1. 국제연합회에서 공진회를 독일 콜론 성에서 금년에 모일 때에 그 연합회 통신부에서 이 사람에게 통지하기를 사진이나 서적이나 물품이나 그 외에 여러 가지 것을 보내달라고 하여 이 사람은 그 것을 준비하려던 중에 또 통지 오기를 다른 것은 다 그만두고 사진만 보내달라고 함으로 이 사람에게는 적당한 사진이 없으므로 우리 회 서기에게로 적당한 사진 있으면 보내라고 한 일이 있습니다.

2. 또 국제연합회에서 우리 한국간호협회 교육 상황 조사 보고서를 이 사람에게 보내왔는데 그것을 대답 못한 것은 이 사람이 그 교육 상태를 자세히 알지 못함으로 대답해 보내지 아니하였으나 지금 이 회에서 교육부가 모여 연구하여 실제 상태대로 조사한 후 교육 상황 보고서를 작성하기를 바랍니다.

3. 또 타미스국 종람회에서 우리 한국간호협회에서 캐나다에 모이는 만국연합회에 참석할 회원에게 편지를 주며 안내의 주선을 하여 주는 종람 광고지가 이 사람에게로 왔는데 이 사람은 그것을 우리 회 서기에게로 보내어 각 회원에게 나누어주라고 한 일이 있습니다."

그리고 또 이영복의 《간호사》에도 당시 서평의 의지가 드러난다. "그마만큼 서서평 양은 I.C.N 가입의 집념이 강했다. 그것은 한국간호협회를 조직한 목적이 I.C.N에 가입하기 위해서였으니 말이다"(178-179쪽).

이처럼 서평이 한국간호협회를 I.C.N에 가입시키려고 온갖 노력을 다한 것은, 우선 주님의 이름으로 하기만 하면 어떤 일이라도 할 수 있도록 능력을 주신다는 확신이 있었기 때문이었다. 또 교육(문화)을 통해서 악습을 몰아내고 잘못된 관념을 없애야 한다는 확신이 있었기 때문이다. '한국 간호사 사업 상태'라는 글에서도 그의 이러한 생각이 잘 드러난다.

이런 신념과 끊임없는 노력이 결실을 맺어, 1929년 7월 8-13일까지 5일간 캐나다 몬트리올에서 개최된 국제간호협회에 대표 3명을 파견하게 되었다. 대표로 3명(서서평, 이효경, 이금전)을 파송하기는 했으나, 만일 회원 자격이 1인으로 제한된다면 서서평으로 하겠다는 결정을 정기총회에 밝히면서 서평은 다음과 같은 말을 했다.

"내가 맡은 그 책임은 대단히 중요하다고 생각하노라. 내가 맡은 책임은 실패되지 않기를 바란다. 그러나 고린도후서 2장 16절 하반절과 같이 '누가 이것을 감당하리요.' 우리 회의 운명은 하나님께 있으나 우리가 마땅히 할 일을 우리가 다한 후에 하나님에게로 맡길 것이라. 이 중요한 책임을 지고 국제협회로 가는 저희들을 위하여 계속적으로 기도하여 주시기를 바라노라. 1929년 5월. 서서평"(한국간호협회장 보고문에서)

한국 민족의 슬픔을 안고

당시 한국의 상황은 참으로 참담하고 서글펐다. 1907년 6월 5일 고종 황제의 비밀 칙령을 받은 이준 열사가 네덜란드에서 열리는 만국평화회의에 참석하여 일본의 강제적인 침략 행위를 만천하에 공표하고자 하였으나, 일본 측의 방해로 회의 참석 자격을 얻지 못하게 되었다. 분노를 이기지 못한 이준 열사는 그 자리에서 분신하고 말았다. 또 1936년 독일 베를린에서 열린 올림픽 대회에 나간 손기정 선수는 가슴에 일장기를 붙이고 뛰어야 했다. 사진의 일장기를 태극기로 바꿔 실은 동아일보는 엄청난 곤경을 당한다. 이처럼 한국은 일본의 온갖 압제에 시달리고 있었다. 한민족은 입술을 깨물며 비애의 눈물을 흘려야만 했다. 서평의 활동 역시 같은 어려움에 직면하게 되었다. 한국간호협회가 국제간호협회에 가입할 수 없도록 일본이 방해에 나선 것이다.

비참한 역사의 소용돌이 속에서도 서서평 선교사는 이 일을 기필코 달성하고야 말겠다고 결심했다. 그녀의 동역자였던 M. L. 스와인할트(M.L. Swinehart, 건축가이며 미국 대통령 후보였다. 광주 주재 미국 남장로교 선교부 재정 책임자)는 저서《아름다운 생애》(Glorious Living)에서 그때 상황을 다음과 같이 설명하고 있다.

"1929년 몬트리올에서 열리는 국제간호협회 회의 석상에서 한국간호협회 가입 요구를 주장하기 위해 서평 양은 내한 17년 만에 한국 간호사 2명을 대동하고 갔다. 그들은 대규모의 회원국 대표들로부터 리셉션에서는 정중한 대접을 받았다. 그러나 정치적이고 국가적인 분규로 인해서 한국은 본회의 참석이 허락되지 않았다. 그러면서 그들이 대안으로 권고한 것은, 일본간호협회가 이미 국제간호협회에 가입되어 있으므로 한국도 따라서 회원이 될 수 있다는 것이다."

하지만 서평의 생각은 달랐다. 한국간호협회가 국제간호협회에 가입하고 실행 위원이 되어 책임을 훌륭하게 완수함으로써 다른 회원국들을 감동시키고 싶었다. 그러면 간호사를 천한 직업으로 잘못 알고 무시하는 국내의 인식도 달라질 것이기 때문이다. 이후에는 많은 것들이 바뀔 것이었다. 간호 사업, 즉 병원 간호뿐만 아니라 방문 간호와 공중위생 간호 일도 소신껏 할 수 있고 이로 인해 한국 사람들의 건강이 좋아질 것이다. 한국간호협회가 다른 나라들의 존경을 받게 되면 세계적으로 한국의 국위도 높아질 것이고 국민의 숙원인 독립도 앞당길 수 있지 않겠는가. 그래서 그녀는 이

일을 위해 온 힘을 다 했다.

그런데 일본의 방해라는 날벼락이 떨어졌으니 그녀에게는 큰 충격이었다. 그렇다고 해서 목표를 포기하지는 않았다. 한국간호협회를 국제간호협회 회원으로 만들겠다는 굳은 결심은 변함없었고 서평은 꾸준히 노력했다. 스와인할트는 계속해서 이렇게 적고 있다.

"그런 지 4년 후에 병중에 누워 있다가 병상을 박차고 일어나 한편은 병원의 한국인 간호사 팔에 의지하고 다른 한편은 그의 충성스런 보조자인 박해라의 곁부축으로 2일 동안의 일본 동경 여행길에 나섰다. 이렇게 해서 서평은 일본간호협회에 대한 개인적인 접촉과 청원 등의 노력으로 소망했던 목적 달성에 한걸음 더 가까이 다가갔다. 이 꿈을 실현시키기 위한 서평과 동료들의 피나는 노력의 대가로 국제 회원 자격을 획득한 것이다."

1925년 가입 청원, 1926년 가입 청원 요청과 I.C.N 총무 라이만 (서평의 친구)과의 꾸준한 편지 왕래, 교육 통신 연락원과 통신 서기와 외국 간호협회와의 긴밀한 유대 등 활발하고 열성적인 활동으로 한국은 국제간호협회에 우선 준회원으로 가입하게 되었다. 이에 대해서 조지 T. 브라운 박사(Dr. G. Thompson Brown)는《한국 지역 선교사》(이후《한국 선교 이야기》로 출간)에서 그녀의 업적을 이렇게 평가하고 있다.

"서평의 업적은 엄청난 것이었다. 한국간호협회를 설립했고, 이 회를 국제간호협회에 가입시키기 위해 동경으로, 몬트리올로 뛰어다녔다."

병중에서도 일본을 방문한 서평의 열성은 결국 일본을 움직였고, 니시끼(서목) 위생과장이 한국간호협회에 공문을 보내왔으며 1932년 2월 28일에는 한국간호협회 임시총회를 소집하기에 이르렀다. 그 총회의 결과는 같은 해 5월 10일 개성 남성병원에서 열린 제10회 총회에서 보고되었다. 10회 정기총회의 각부 보고에 들어가기 전 서두를 보면 "…일본 적십자 간호사회에서 대표자로 우리 회에 참석하신 에하라(강원)씨의 축사가 있은 후에 임원과 위원의 보고가 유하니…"라는 언급 뒤에 "…일본간호협회와 한국간호협회 연맹에 대하여 한국 내 각 자치 단체에서 대표자를 택하여 협회를 조직하고 그 협회 이사부에서 일본간호협회가 국제간호협회에 총대로 보내기로 제의함"이라는 안건이 올라왔다. 그러나 이 안건은 미뤄졌다.

어떤 면에서 여성은 약하다. 그러나 희생정신으로 무장한 서평과 한국 여성들은 강철같이 강하고 쇠심줄처럼 끈질겼다. 일본인 대표가 참석한 회의에서 일본과 연합한다는 안건을 유안했으니 말이다. 이것은, 일본과의 연합은 불가하고 독자적으로 가입하겠다는 의사 표시였다. 지금이야 한국 여성들의 인권과 지위가 향상되어 국회의원, 장관, 총장, 기업 대표 등이 많이 배출되었지만, 여성 인권의 암흑기였던 당시에는 이러한 미래를 꿈에도 그리지 못했을 것이다. 그러한 미래를 내다보고 발 벗고 나섰던 이가 바로 서서평 선교사다. 세브란스간호학교 설립자로 서평보다 열두 살 많았던 E. L. 쉴스 선생은 그에 대해 이렇게 썼다.

"서서평 선교사는 군산과 광주뿐 아니라 서울 세브란스병원에서 여러 가지 사업과 교육에 종사하는 중에도 해결해야 할 긴박한 문제들을 위해서, 혹은 한국 간호 사업에 가장 필요한 정책들을 위해서 먼 장래의 일까지 미리 계획하였다. 가능한 모든 기회들을 활용함으로써 간호사로서 또 간호 교육자로서 한국에서 펼친 수많은 사역들은 상상할 수 없을 정도다. 그녀는 군산에서 세브란스로 보내온 3명의 간호 학생들뿐만 아니라 서울에 있는 많은 학생들을 가르쳤다. 이 세 명은 모두 세브란스병원에 남았는데 하나는 치과 간호사로, 한 명은 식당 감독으로, 또 한 명은 산파일과 육아 사업 관련 일을 하고 있다.

또한 서 선교사가 번역한 간호사를 위한 교과서와 책들은 선교부 부속 모든 병원과 학교에서 현재 사용하고 있다. 그녀는 다른 어떤 외국 간호사도 도저히 따라갈 수 없을 만큼 한국어를 숙달하였으며, 교사로서 다방면에 우수한 사람이었다. 특히 탄복할 만한 점은 허약한 몸으로 중병을 앓고 있을 때조차도 교육과 다른 여러 사업을 놓지 않았던 것이다. 이뿐 아니라 살아 있는 동안 물길 땅길을 가리지 않고 한국 곳곳을 다니면서 행했던 전도와 교육, 치료 등의 사역은 정말 놀라운 것들이었다. 지난 여름에는 제주도에 가서 3주 정도밖에 머물지 못했는데, 돌아온 후에 기록한 그곳 주민들과 함께했던 사역에 관한 보고서는 가장 흥미롭다고 할 수 있다.

1929년에 서서평 선교사는 2명의 한국 간호사들과 함께 한국간호협회를 대표하여 캐나다 몬트리올 시에서 열린 국제간호협회에 참석했고, 그 후 한국간호협회가 국제간호협회와 연합하기 위한 제반 계획과 준비에 전력을 다해왔다. 이를 위해 서 선교사는 국제 간호협회의 라이만 총무와 끊임없이 소식을 주고받았다. 1923년 에 조직한 한국간호협회는 서서평 선교사가 첫 번째 회장직을 맡았었다. 서 선교사가 한국간호협회를 위해 여러 번 일본에 가서 대회에 참석한 데 대해서는 특별한 감사를 보낸다."

잊지 못할 설교

서서평은 1928년 5월 10일 평양에서 열린 한국간호협회 제6회 총회 석상에서 설교를 했다. 사도행전 20장 17-35절 말씀을 본문으로 한 '바울의 모본'이라는 제목의 설교였다. 이것을 요약하면 다음과 같다.

"한국의 예루살렘이라는 평양에서 우리 한국간호협회 제6회 총회를 열게 해주신 하나님께 먼저 감사드리며, 회의 장소를 제공해주신 연합기독병원과 이 모임을 준비하기 위해 최선을 다해주신 동료 여러분께도 감사드립니다. 그리고 부산하게 바쁜 항구 도시, 멀고 먼 부산 지방에서부터 올라와 참석해주신 회원 여러분께 치하 말씀을 드립니다.

여기 꽂혀 있는 꽃은 얼마나 아름다운지요. 게다가 이 꽃이 백합

화이기에 1천 9백여 년 전의 예수님 말씀이 떠오릅니다. 공중에 나는 새가 연상되면서 여러 회원님들의 평화로운 모습이 마치 비둘기 떼와 같아서 보기에 매우 흐뭇합니다. 이제 군소리는 그만두고, 방금 대독해주신 성경을 본문 삼아 '바울의 모본'이라는 제목으로 몇 말씀 전할까 합니다.

첫째, 나는 너희와 항상 함께 있느니라(18절).

바울은 복음을 전할 때 핍박과 곤욕을 당해도 좌절하지 않았습니다. 이렇게 한 것은 하나님께서 함께 해주신다는 음성을 들었기 때문입니다(행 18:10). 주님께서는 저희들과 항상 함께 계시겠다고 말씀하셨습니다(마 28:20). 그러므로 우리는 두려울 것이 전혀 없습니다. 용기를 가지고 맡겨주신 주님 사업에 전력을 다해야겠습니다.

둘째, 시련을 겪으면서도 주를 섬기라(19절).

바울은 주님을 섬기는 데 안일하지도 평탄하지도 않았습니다. 매도 맞고 투옥과 굴욕과 조롱도 당하고 눈물 흘리며 풍랑에 시달리면서도 주님을 섬겼습니다. 아름다운 무지개가 뜨기 위해서는 비가 와야 합니다. 우리가 주님 사업을 할 때 시련을 겪고 나면 오히려 결과가 한층 더 빛나게 됩니다. 시련은 괴로운 것 같으나 유익을 주는 것입니다. 시련은 달게 받아야 합니다. 오히려 감사해야 합니다. 우리에게 유익을 주시기 위한 과정이니 말입니다.

셋째, 유익한 것은 무엇이든지 숨기지 말고 나누어주라(20절).

바울은 하나님께서 계획하신 것은 무엇이나 우리에게 유익한 것으로 알았습니다. 유익한 것은 복음입니다. 복음을 하나도 숨김없이, 빠뜨리지 않고 여러 사람 앞에서나 가정에서나 나누어주었습니다. 우리도 복음을 숨겨두지 말고 나누어줍시다. 물론 복음만 그러라는 것이 아닙니다. '무엇이든지'라는 말씀을 잊어서는 안 되겠습니다.

넷째, 모든 것을 실력으로 보여주라(20절).

바울은 실력이 있었습니다. 먼저 신앙이 있고, 하나님의 말씀을 정확하게 아는 것이 실력입니다. 한국에는 '알아야 면장을 한다'는 속담이 있지요. 그러니 우리가 남에게 복음을 나누어주려면 열심히 성경을 공부하고 내 자신의 신앙을 길러 실력을 갖추어야 합니다.

다섯째, 처소를 가리지 말라(20-21절).

바울은 교회에서만 복음을 전한 것이 아니었습니다. 어디서나 전했고 심지어는 갇힌 몸으로 쇠사슬에 묶여 있을 때도 전했습니다. 우리도 병원에서는 물론이고 학교, 공장, 형무소, 직장, 시장 등 어디에서나 전해야 합니다. 빈부귀천을 따지지 말고 민족의 차별도 두지 말고 술집, 유흥가, 산과 들, 바다 가릴 것 없이 사람 있는 곳이면 어디서나 복음을 전해야겠습니다.

여섯째, 고난을 각오하라(22-24절).

바울은 복음을 전하다가 예상치 못했던 고난에 부딪친 것이 아닙니다. 그는 투옥과 고통이 기다리고 있다는 것을 미리 알고 있었습니다. 그렇지만 임무를 다하기 위해서라면 조금도 목숨을 아끼지 않았습니다. 우리는 병들고 약한 자들을 상대하는 직업입니다. 물론 예수님 사랑에 바탕을 둔 적십자의 박애 정신으로 육신의 병

치료에 전력을 다해야 합니다. 하지만 복음으로 소망을 안겨주어 영혼도 구원받을 수 있도록 해야 할 것입니다. 우리 직업은 희생하고 봉사하는 것입니다. 항상 환자가 우선이요, 나 자신은 전적으로 무시해야 합니다. 그러면 고난이 따릅니다. 그 고난을 각오하고 나선 것이 우리 간호사들입니다.

바울이 말한 임무가 무엇이었습니까? 첫째, 그리스도를 전파하는 것이었습니다. 그래서 그는 그리스도를 전했고 전하지 않고는 화가 미친다고까지 했습니다(고전 9:16). 둘째, 환자를 치료하는 것이었습니다. 바울은 나면서부터 앉은뱅이였던 자를 일으켜 걷게 해주었고(행 14:8-10), 3층에서 추락하여 죽은 유두고를 살려주었고(행 20:7-12), 멜리데 섬 추장인 보블리오 부친의 열병과 이질을 고쳐주었고, 또 다른 도민들의 병도 낫게 해주었습니다(행 28:8, 9). 우리는 이것이 주된 사명임을 너무도 잘 알고 있습니다. 셋째, 어려운 사람을 도와주었습니다. 바울은 나누어주기를 좋아하였고(딤전 6:18), 동정심이 많아서 유대에 흉년이 들었을 때는 구제금을 전달하기도 했습니다(행 11:27-30, 12:25). 영벌에 처하고 영생에 들어가는 것은 구제 여부에 달려 있습니다(마 25:31-46). 그도 그럴 것이, 남을 불쌍히 여기는 사랑이 없으면 어떻게 될까요? 사랑의 종교에서 구제를 제해버린다면 남는 것이 무엇일까요? 구제는 사랑의 표현입니다. 아무리 우리가 십자가를 높이 치켜들고 목이 터질 만큼 예수를 부르짖고 기독교 신자라 자처한다 할지라도, 구제가 없다면 그것은 참 기독교가 아닙니다. "누가 이 세상의 제물을 가지고 형제의 궁핍함을 보고도 도와줄 마음을 닫으면 하나님의 사랑이 어찌 그 속에 거하겠느냐"(요일 3:17)라고 사랑의 사도 요한은 외쳤습니다.

일곱째, 물질을 탐하지 말라(33-34절).

바울은 남의 금이나 의복을 탐하지 않았습니다. 뿐만 아니라 남에게 폐를 끼치지 않으려고 자기에게 필요한 것은 스스로의 노력으로 채웠습니다(살전 2:9). 나는 물질문명이 발달한 서양에서 태어났지만 동양의 청빈 사상을 더 좋아합니다. 왜냐하면 예수님도 머리 둘 곳도 없고 두 벌 옷도 갖지 않았을 만큼 청빈하셨기 때문입니다. 내가 어느 나라보다도 한국에 온 것을 복으로 알고 기뻐하며 한국을 사랑하는 까닭은, 한국 사람들이 예수님처럼 청빈 사상을 따르기 때문입니다. 신라시대의 백결 선생을 존경하는 백성이니 말입니다.

술 자체는 곡식과 과실로 만들어진 것이므로 나쁜 것은 아닙니다. 그런데 마시면 흥분케 하고 도가 넘으면 마취제 역할을 하듯이, 재물 역시 일상생활에 필요한 존재이지만 쌓이면 교만해지고 거기에다 탐욕이 더해지면 부패제가 됩니다. 사람 정신을 썩게 만들고 맙니다. 썩은 정신으로 무엇을 한들 그것이 올바로 되겠느냐는 것입니다. 그래서 예수님께서는 사람이 빵으로만 사는 것이 아니고 하나님의 말씀으로 산다 하셨지요. 일본에는 이런 속담도 있다더군요. 쓰레기통과 재물은 쌓이면 쌓일수록 추잡해진다고.

여덟째, 주는 것이 받는 것보다 복되니라(35절).

바울은 주는 것이 받는 것보다 복되다 했습니다. 그러면서 바울은 이 말씀이 주님께서 하신 말씀이라고 합니다. 예수님은 이 말씀을 마태복음 10장 8절에서 하셨는데 거기에는 "병든 자를 고치며 죽은 자를 살리며 나병환자를 깨끗하게 하며 귀신을 쫓아내되 너희가 거저 받았으니 거저 주라"라고 기록되어 있습니다. 그러니 우리는 주는 것이 받는 것보다 복된 일인 줄 알고, 주는 데 기쁨을 느끼고 주는 데 힘쓰도록 해야겠습니다.

간호사 동지 여러분! 바울의 정신을 본받아 일합시다. 주는 것이 받는 것보다 복되다는 진리는 갈릴리 호수와 사해가 우리에게 잘 설명해주고 있습니다. 갈릴리 호수는 요단강을 통해서 물을 끊임없이 염해로 흘려보냅니다. 그렇다고 해서 갈릴리 호수가 마르지 않습니다. 수많은 종류의 물고기들이 살고 있습니다. 그런데 염해는 갈릴리 호수로부터 물을 받아들이기만 하고 바깥으로 한 방울도 흘려보내지 않습니다. 그렇다고 해서 염해의 수량이 증가하지도 않을 뿐 아니라 거기에는 어떤 생물도 살지 못합니다. 그래서 염해를 사해라고 부른다는 것은 우리 모두 아는 사실입니다. 이 자연의 이치는, 주는 것이 받는 것보다 복되다는 진리를 우리에게 가르쳐주는 산 교재입니다.

우리는 이 시간에 바울의 모범된 생활을 살펴보았습니다. 이것은 바울만의 독점물도 아니고 전매특허를 얻은 것도 아닙니다. 또 바울에게만 가능한 것도 아닙니다. 우리도 성정은 그와 다를 바 없습니다. 은혜도 같이 주십니다. 우리에게 믿음만 있다면 그 이상의 일도 할 수 있습니다. 그러니 우리도 바울을 본받아 이론만의 기독교 신자가 된다거나 말뿐인 간호사가 되지 말아야 합니다. 말씀대로 실천하는 크리스천이 되고 행함으로 환자에게 기쁨을 주는 간호사가 됩시다. 우리의 선배 나이팅게일처럼 모든 사람에게 칭찬과 존경을 받으며 하나님께 영광을 돌리는 한국의 천사가 됩시다.

여기서 한 가지 덧붙여 말하고 싶은 것은, 나이팅게일이 과로로 병상에 누워 있을 때 영국군 사령관이 전 군대를 대표해서 문병 왔다고 합니다. 또 영국 국민 모두와 상이군인들이 그녀가 빨리 회복되기를 하나님께 기도했으며, 빅토리아 여왕도 크게 걱정하고 있다가 그녀의 완쾌 소식을 듣고 매우 기뻐하며 축의를 표했다고 합니다. 그뿐인가요. 빅토리아 여왕은 나이팅게일의 공로를 치하하기 위해 수차례 회견을 갖고 감사의 친서를 보냈으며, 적십자 상을 수여하기도 했습니다. 빅토리아 여왕 다음인 에드워드 9세는 그녀에게 훈장을 주었는데, 이는 영국 여성으로서 처음 있는 일이었습니다. 제가 이 시간에 말하고 싶은 것은, 이 모든 일이 나이팅게일 한테만 일어난다는 법이 없다는 것입니다."

어머니의 리더십

한국간호협회가 창립한 지 불과 6년 안에 국제간호협회의 준회원이 된 것은 매우 빠르게 발전했음을 보여준다. 한국간호협회의 활발했던 활동들을 여러 기록을 통해 정리해보겠다.

한국간호협회의 생모이자 양모라고 할 수 있는 서서평은 초대부터 11대까지 11년 동안 회장직을 연임했다. 그녀가 계속해서 회장으로 선출된 것만 봐도 그 공적이 짐작된다. 제1회 회장 선출에 대해서는 자료가 없어서 자세한 사항을 알 수 없고, 제2회 회장 선출 때 회의록을 보면 회장으로 서서평, 부회장으로 이양숙이 뽑혔다. 제4회 총회에서는 두 사람씩 후보를 추천하고 투표로 선출하자는 의견이 있어서 그렇게 한다. 거수로 투표했는데, 먼저 회장직에는 서서평이 16표, 이효경이 3표가 나와 서평이 회장으로 선출되었다. 부회장에는 김영길과 나우덕 두 사람 중 김영길이 15표, 나우

덕이 4표 나와 김영길로 결정되었다.

서서평 회장이 했던 한국간호협회 국제연합 교육 통신 보고(1932년 5월 9일)를 보면, 제10회 총회에서 간호협회의 발전을 위해 간호 사업을 잘 이해하고 성실하게 책임을 다할 다른 사람을 회장으로 뽑기를 간절히 요구하는 내용이 있다. 그럼에도 불구하고 5월 12일 결의에서 서평은 다시 회장으로 선출된다. 이때 부회장은 이금전이었다. 다음해에도 역시 회장 서서평, 부회장 이효경이 선출되었다.

한국간호협회는 발족한 후 11년 동안 한 해도 거르지 않고 정기 총회로 모이고 회지도 발행하는 등 끊임없이 발전했다. 그 증거로 회지에 실린 제2회분(창립 총회록은 없다)과 중간 부분인 제6회분, 그리고 맨 마지막 부분인 제10회분의 기록을 옮겨보겠다. 이 회의록을 살펴보면, 제2회 때에 비해 제10회 때는 모든 면이 놀랍게 발전해 있다. 제2회 사업 보고 때는 '회비 수입금 15원 75전, 지출금 3원 25전, 잔금 12원 50전'이었는데, 제10회 사업 보고 때는 교과서 제정위원의 재정 보고부터 공중위생 사업 보고까지 총 사업 종류가 42종이나 된다.

특히 그중에서도 만주 피난 동포 위문 진료 사업의 규모는 꽤 컸다. 일본 제국은 1910년에 한국을 강점하고, 대륙 침략 제2단계로 1931년에는 만주 사변을 일으켰다. 이 바람에 만주로 건너가 농군으로 항일 투쟁하고 있던 애국지사들과, 굶주림에서 벗어나고자 압록강이나 두만강을 건너가 고생하며 살고 있던 많은 이들이 피난민이 되고 말았다. 개원에 2천 명, 봉천에 1천 7백 명, 무순에 2천

명, 철령에 1천 3백 명, 사평가에 7백 명, 공주령에 8백 50명, 장춘
에 1천 3백 명 등 각처에 분산 수용되어 있었다. 이 피난 동포들을
위문 진료하기 위해 1932년 2월 22일에 한국간호협회 대표 3명(이
영준, 김근실, 이효경)이 봉천행 특급 열차에 올랐다. 이들은 임무를 성
공적으로 잘 마치고 한 달 만인 3월 21일에 귀국했다.

같은 해에 등록된 외국인 간호사 정회원은 안두화 여사 외 48명
이었는데 서서평 선교사만 평생회원이었다. 한국인 간호사 정회원
은 김해경 외 39명이었고 평생회원은 한 사람도 없었다. 이렇게 한
국간호협회는 빠르게 발전을 거듭하면서 사회에 지대한 공헌을 하
게 되었다.

그러던 중 제11회 총회를 대구 동산병원에서 가졌는데 서서평
회장은 병으로 인해 참석하지 못했고, 사은라가 뒤를 이어 회장이
되었다. 그 총회에 대한 기록은 1934년 10월 13일 자에 발행된 회
지에 있는데, 거기에는 고 서서평 선교사 추도식 순서와 그의 약력
이《한국 민족의 슬픔을 안고》에 실려 있다.

이후 회지 발행이 중단되었다가 15년이 지난 1948년에《대한간
호》라는 이름으로 제1호가 발간되었다. 그리고 5년 후인 1953년 7
월 1일에 속간이 발간되고, 다음해인 1954년에 제2권 1호가 발행
되면서부터 1980년까지 매년 6권씩 발행되었다. 제2권 1호에 게재
된 대한간호협회장 이금전의 권두사 일부를 소개하면 다음과 같다.

"6.25사변 이래 피난 생활을 하면서도 대한간호협회는 꾸준한 활동을 하였다고 할 수 있다. 이 어려운 우리나라를 도와주려고 세계 여러 나라에서 박애주의에 불타는 간호사들이 간호 사업을 협조할 목적으로 내한하였는데 수차에 걸쳐 그들을 환영하고자 마중도 나갔으며 위안회를 개최도 하였고 일선지구의 간호사들과 상이 병사 위문 등 여념이 없이 지내던 판에도 교통, 수송, 경제난, 원고 모집난까지 타개하고 작년 7월초에《대한간호》가 발행되자 우리 회원들은 그 회보를 통하여 간호 사업에 대한 지식을 얻을 뿐 아니라 각처에 흩어져 있는 동지들과 서로 면대하여 통사정이나 하는 듯 반갑게 읽은 지 이미 1년이 지났다.

협회로서 모든 조건이 좋았다면 그동안《대한간호》가 한번이라도 더 출판되었겠지만 한미재단의 원조를 받아 이제야 우리 회보가 나오게 됨은 늦은 감이 없지 않으나 진심으로 기뻐하는 바이며 이번에 서무부 편집과에서 출판하는 것이 영원한 기초 공작이 되어 앞으로는 우리 회보가 끊임없이 여러 동지들을 자주자주 찾아주어서 간호 사업 발전상 유력한 재료를 제공하게 되며 또는 국제 간호협회의 여러 회원 국가의 간호 사업의 소식과 그들의 동향을 알게 되기를 바란다(후략)."

이 지나간 기록들을 보면, 서평이 세상을 뜬 1934년부터 1954년까지 20년 동안 한국간호협회 사업이 부진했음을 알 수 있다. 더불어 서평의 생전 활동이 얼마나 컸는지 또한 추측할 수 있다. 그렇기에 동역 선교사였던 스와인할트가 그녀에 대해 다음과 같은 글을 남긴 것이다.

"그녀의 탁월한 조직력은 그녀가 한국간호협회 회장으로 일할 때 두드러지게 나타났다. 그녀는 다른 선교사들과 함께 여성들을 교육시키고 또 한국의 간호 수준을 끌어올리는 등 지칠 줄 모르고 일했다. 또 그녀는 한국간호협회를 국제간호협회에 가입시킬 수 있다는 희망을 갖고 세 권의 교재를 한국어로 번역했다…"

서평이 한국간호협회 회장을 맡았을 때 작성한 총회 보고서는 4부 남아 있다.

저버릴 수 없는 간호사 직분

한번은 광주 제중병원 건물에 화재가 발생했다. 이 병원은 그라함 병원이라고도 불렸는데, 미국의 독실한 기독교인 그라함 씨가 딸을 잃은 후 그 기념사업의 일환으로 세운 것이기 때문이었다. 그런 데 이 병원이 세워진 지 24년 만인 1933년에 화재가 나 본관과 병동에 불이 붙었다. 병원에 있던 의사, 간호사, 기타 직원들은 각각 자기 물건들 끌어내기에만 바빴고 입원 환자들 구출에는 관심이 없었다. 환자의 친지들은 이미 때가 늦었다면서 발을 동동거리고 아우성만 칠 뿐이었다.

그때 서서평 선교사는 사람들이 위험하다고 말리는 것을 뿌리치고 화염 속으로 들어가 움직이지 못하는 환자를 구출해냈다. 그때 서평의 나이는 53세였다. 진화가 끝난 후 구출된 환자와 그의 가족들이 얼마나 감사해했는지 모른다. 물론 목격자들을 통해 소문이

나면서 서평에 대한 칭찬도 자자했다. 그러자 그녀는 이렇게 답했다고 한다.

"형제를 위해 내 목숨을 버리는 것 외에 더 큰 사랑은 없다는 것이 예수님의 가르침입니다. 그러나 저로서는 특히 더 그렇게 할 수밖에 없었습니다."

간호사인 서평은 의료 선교사의 사명을 갖고 한국에 왔다. 군산 구암예수교병원과 서울 세브란스병원 그리고 광주 제중병원에서 근무하기도 했지만, 후에는 건강이 좋지 못해 간호사직은 사임하고 명예 간호사로 있으면서 선교는 물론, 교육 사업, 구제 사업 등을 했다. 화재가 났을 당시에는 비록 현역 간호사는 아니었지만, 예수님의 십자가에 근거를 둔 적십자 박애 정신에서 나온 간호사로서의 윤리관은 버리지 않고 있었던 것이다.

"간호사의 기본 책임은 그 보호 아래 맡겨진 각 사람의 생명을 보존하고 고통을 덜어주며 건강을 유지하고 증진하도록 도와주는 일이다."

이것이 간호사의 윤리 강령이다.

서 선교사를 표현하는 호칭은 수없이 많지만, 같은 교회(현 광주제일교회) 교인이었던 주형옥 목사는 그녀에 대해 '여걸 선교사'였다고 말한다. 서평의 키가 말처럼 큰데다가, 호랑이가 득실거리며 강도가 흉기 들고 기다리고 있다는 화순 고개를 말을 타고 넘나들면서 선교했다는 얘기 때문인 듯하다.

2부
나는 조선의 교육자입니다

결혼도 마다한 채

서평은 54년 평생을 처녀로 살았다. 결혼을 꼭 하라는 법도 없지만 하지 말라는 법도 없다. 사회의 법도 그렇거니와 예수님도 분명 그렇게 말씀하셨다. "사람을 지으신 이가 본래 그들을 남자와 여자로 지으시고 말씀하시기를 그러므로 사람이 그 부모를 떠나서 아내에게 합하여 그 둘이 한 몸이 될지니라"고 하셨지만, 다른 한편 "어머니의 태로부터 된 고자도 있고 사람이 만든 고자도 있고 천국을 위하여 스스로 된 고자도 있도다 이 말을 받을 만한 자는 받을지어다"(마 19:4-12)라는 말씀도 하셨다.

이 말씀들에 비추어보면, 결혼이란 해도 무방한 것이요 안 해도 무방한 것이다. 그런데 사람들은 거의 다 결혼을 한다. 그래서 결혼한 경우에는 당연한 것으로 여기지만, 하지 않은 경우에는 특별한 이유가 있다고 여기고 그 까닭을 궁금해한다. 특히 당시의 여성들은 타의에 의해 결혼하는 이들이 많았다. 만약 주변 사람들이 반강제적으로 시키지 않았다면, 평생 미혼으로 살다 간 여성들이 더 많았을지도 모른다. 그렇다고 자의로 한 경우가 전혀 없는 것은 아니다. 자의로 한 여성들은, 종족 보존 본능 때문일 수도 있고 아니면 다음과 같은 이유에서일지도 모른다. 여자는 남자보다 육체가 약하다. 연약한 죽순이 껍질에 싸여 있듯이 여자도 남자의 보호가 필요했기 때문일 수도 있다. 그런가 하면 안타깝게도 신체적인 결함이 있어서 결혼하지 않는 여자도 더러 있다.

서평은 신체적 결함이라도 있었던 걸까? 아니었다. 그러면 남자가 외면할 만큼 박색이었던 걸까? 그것도 아니다. 얼굴은 참외처럼 길쭉했고, 오똑한 코는 여자 치고 약간 크다고 할 수도 있겠으나 보통 키를 넘는 늘씬한 체구에 대면 오히려 균형이 맞았다. 봄빛처럼 빛나는 눈동자와 굳게 다문 얇은 입술, 우유 빛깔처럼 뽀얀 피부 등, 나무랄 데 없이 미인이라고 할 만 했다. 거기에 더해 음색이 꾀꼬리 소리처럼 아름다웠다. 말소리에 리듬이 있어서 일상적인 대화를 할 때도 사람들의 귀를 끌어당길 만큼 매력적이었다.

그런데도 왜 결혼을 안 했던 걸까? 결혼하기 위해서는 서로의 수준이 같아야 한다는 것이 성경의 가르침이다. "지식을 따라 동거하라"(벧전 3:7)는 말씀에서 '지식'은 두뇌를 뜻하는 것일 게다. 그런데 서평이 보기에는 자기와 결혼할 만한, 다시 말해서 그녀의 이상에 맞는 남자가 없었다. 한편으로는 이런 생각도 해보았을 것이다. '내가 너무 자만심에 빠져 있는 것일까?' 만약 그렇다면, 건방진 자만심이나 터무니없는 이상을 버리고 겸손한 자세로 적당한 배필을 물색했을 것이다. 그런데 그렇게 하지도 않았다. 이유는 이러했다.

서평은 베드로처럼 성질이 너무 급했다. 베드로가 칼을 빼어들어 예수를 붙잡으러 온 말고의 귀를 자른 일, 예수님이 제자들에게 "오늘밤에 너희가 나를 버리리라" 말씀하시자 베드로가 "다 주를 버릴지라도 나는 언제든지 주와 함께 죽을지언정 버리지 않겠나이다" 하고 장담했던 일 등은 모두 베드로의 급한 성질에서 비롯된 것이었다. 결국 예수님으로부터 "칼을 쓰는 자는 칼로 망하는 것이니 칼을 칼집에 꽂으라"는 책망을 들었고, 나중에 자신이 장담했던 것을 후회하며 슬피 울었다.

서평은 공부 못한다고 학생을 주먹으로 쥐어박은 적도 있고, 동역자인 남자 선교사를 이층에서 계단 밑으로 밀어버린 일(5부 '동료 선교사들' 참조)도 있었다. 그것은 결코 악의가 있었거나 계획적으로 한 일이 아니었다. 오직 잘해야겠다는 일념에서였고, 단지 성질이 급했기 때문이었다.

결혼이란 왜 하는가? 사람에 따라 그 이유가 가지가지겠지만, 한마디로 말해서 행복하기 위해서라는 것은 무시 못하리라. 여자가 결혼하려면 남자와 해야 한다는 철칙이 있다. 그런 철칙에 따라 서평이 남처럼 남자와 결혼하여 가정을 이룬다는 것은 뭔가 맞지 않는다. 결혼의 공식은 '남자+여자'이다. 그러므로 꿋꿋한 남자와 부드러운 여자가 합치하여 평화롭고 행복하고 아기자기한 가정을 이루게 되는 법이다. 이것을 전기에 비유한다면 '양전기+음전기'로 빛을 발하는 이치이다. 그런데 서평의 경우는 '남자+남자'의 결혼이 된다는 것이다. 이것은 마치 양전기에다 양전기를 맞부딪치게 하는 처사이니 빛을 발하기는 커녕 파멸 현상을 일으키는 것과 같다. 왜냐하면 서평은 여자이면서도 성격은 남자였기 때문이다. 그래서 서평은 남성적인 남자와는 결혼을 안 한다고 했다.

그렇다면 여자인 서평이 남성적인 것처럼 남자 중에도 여성적인 사람이 있다. 그러니 과격하지 않고 여성처럼 유순한 남자를 택하는 방도가 없는 것도 아니지만 이것 또한 서평이 바라는 바가 아니었다. 자신이 여자이면서 남성적이어서 못된 것같이 남자가 남성답지 못하고 여성다워서야 되겠느냐는 것이다. 만일 서평이 남성적이라 해서 여성적인 남자를 맞아 조화를 이룰 수 있을지 모르나 이것은 싫었다. 왜냐하면 남녀가 성격이 뒤바뀌어 서평이 남자 입장이 되어가지고 남편의 남권을 박탈한다는 것도 인륜상 할 수 없는 노릇이고, 남편을 지배한다는 것 역시 인류 창조 원리에 어긋나며 기독교 진리에 위배된다(딤전 2:11-14).

그러나 세상 만사가 이론이나 이상대로 되지 않는 게 또한 인간 사회이다. 결혼이란 그런 점만 볼 것이 아니라 이런 면도 있다. 결혼을 하면 백 가지 고민이 생긴다. 하지만 하지 않으면 한 가지 즐거움도 없다는 것이다. 이렇게 수지가 맞지 않는 이치를 뻔히 알면서도 사람들이 결혼을 감행하는 까닭은 한 가지 즐거움을 얻자는 것이다.

서평은 여기에 문제가 있었다. 자기 한 사람의 한 가지 즐거움을 얻기 위해 결혼을 한다면 서평처럼 성질이 고약한(급한) 여자를 낳을 것이다. 그렇게 되면 남편된 어떤 남자를 또 애를 먹일 것이 아닌가. 그것을 생각하면 결혼이란 것이 무서운 일이요, 자기 하나만으로도 불행한 일이고 자기처럼 성질 급한 여자가 이 세상에 둘은 필요 없다는 것이다.

그러니 남편 섬기느라 고약한 성질을 억누르는 데 평생토록 신경 쓰는 것보다 차라리 하나님 사업에 신경과 온 힘을 쏟아 바치는 것이 바람직한 일이라고 생각했다. 그러라고 하나님께서 그런 성격을 주신 것으로 믿고 오직 하나님 사업에만 심혈을 기울인다고 했다.

"…천국을 위하여 스스로 된 고자도 있도다 이 말을 받을 만한 자는 받을지어다"(마 19:12)라고 예수님이 말씀하셨고 바울 사도는 이 말씀을 다음과 같이 주석하였다.

"장가간 자는 세상일을 염려하여 어찌하여야 아내를 기쁘게 할까 하여 마음이 갈라지며 시집가지 않은 자와 처녀는 주의 일을 염려하여 몸과 영을 다 거룩하게 하려 하되 시집간 자는 세상일을 염려하여 어찌하여야 남편을 기쁘게 할까 하느니라"(고전 7:33-34).

서평은 이 말씀을 마음에 담고 자신이 결혼하지 않은 것을 기쁘게 받아들였다. 그리고 다음 찬송가를 즐겨 불렀다.

"내 평생 소원 이것뿐 주의 일하다가 이 세상 이별 하는 날 주 앞에 가리라 / 불같은 시험 많으나 겁내지 맙시다 구주의 권능 크시니 이기고 남겠네 / 살같이 빠른 광음을 주 위해 아끼세 온몸과 맘을 바치고 힘써서 일하세."

어린이에 대한 남다른 사랑

서평은 어린이들에 대한 사랑에 있어서도 특이했다. 그녀에게는
총 14명의 양딸들과 양아들이 있었다. 어째서 서평은 남의 아이들
을 그토록 많이 길렀을까? 자신은 영양실조가 될 만큼 못 먹고 헐
벗으면서까지 말이다.

그것은 오로지 어린이를 사랑하는 마음에서였다. 양딸들과 양아
들은 말할 것도 없고 김 씨의 자녀든 이 씨의 자녀든 상관없이, 모
든 어린이들이 그녀의 사랑의 대상이 되었다. 사실 이것은 서평에
게만 해당되는 게 아닐 것이다. 서평과 마찬가지로 누구에게나 어
린이는 귀엽고 사랑스럽다. 어린이는 순수하고 하나님의 형상을
가장 많이 닮은 존재이기 때문일 것이다. 그런 점에서 서평이 어린
이를 사랑한다는 말은 바로 예수님을 사랑한다는 말과 같다고 할
수 있다. 예수님의 제자들은 어린아이들이 예수님께 가까이 오는

것을 막았다. 그러자 예수님은 노하셨다(막 10:14). 왜 그렇게 노하셨을까? 예수님의 대답은 이러했다.

"지극히 작은 자 하나에게 한 것이 곧 내게 한 것이니라"(마 25:40).

예수님 제자들은 어린아이를 보잘것없는 존재로 여겼던 것이다.

예수님은 좀처럼 분내지 않는 분이셨다. 그런 예수님이 노하셨으니, 제자들의 이 행동이 매우 중대한 사건이었음을 알 수 있다. 예수님이 "어린아이들과 같이 되지 아니하면 결단코 천국에 들어가지 못하리라"(마 18:3)고 말씀하실 만큼 귀한 아이들을 제자들이 괄시한 것이었다. 서평은 예수님을 사랑하는 마음의 실천으로 아이들을 사랑했던 것이다.

금정교회를 같이 다닌 교인이요 이일학교에 관한 일로 다년간 서평 교장을 도왔던 김윤식 장로는 열한 남매를 두었다. 서평 교장이 어린아이를 남달리 사랑한다는 것을 알고 있던 김 장로 부인은, 아이를 낳을 때마다 그녀에게 보이려고 데리고 갔다. 그러면 서평은 매우 기뻐하면서 안아주고 볼을 부비고 머리를 쓰다듬기도 하는 등 온갖 애정 표시를 다했다. 그렇지만 자신이 유행성 감기라도 앓고 있을 때에는, 방에 들어오지 말라 하고 마당 멀리 서 있게 한 후 아이 얼굴을 거울에 비추어 거울을 들여다보면서 애정 표시를 했다. 그리고 아이를 위해 기도해주고는 어서 돌아가라고 손짓했다.

서평이 2주 예정으로 사경회 인도 차 제주에 갔을 때였다. 이일학교 출신 전도 부인 한 명이 순이라는 다섯 살짜리 고아를 데리고 왔는데, 서평이 양딸로 삼겠다는 것이었다. 동행했던 선교사 스와인할트가, 양녀가 이미 8-9명이나 있는데 또 어떻게 감당하려고 그러느냐며 말렸다. 그러나 서평은 듣지 않았다. 병상에 누워서 성경을 가르쳐야 할 정도로 병세가 악화된 상태였는데도 말이다. 고열로 헛소리까지 하는 날도 있었다.

이튿날 아침 일찍 서평 방으로 불려 들어간 스와인할트는, 서평이 순이와 함께 있던 장면을 다음과 같이 기록하고 있다.

"서평은 팔꿈치로 몸을 받치고 비스듬히 누워 있는데 순이가 빗으로 그의 금발 머리를 빗기며 세 갈래로 갈라 땋았다 풀어 헝클었다 하면서 마치 장난감처럼 다루고 있었다. 그런데도 서평은 순이가 하는 대로 내맡긴 채 빙긋이 웃으면서 '순이 귀엽죠? 순이는 내 눈이 고양이 눈깔같이 노랗다느니, 소라처럼 움푹 꺼졌다느니, 머리칼 빛이 황소 같다느니 하면서, 나처럼 괴상한 사람은 모슬포에 없다고 수다를 떠네요. 이런 게 이 아이를 즐겁게 해줄 수 있는 방법이죠. 난 이제 건강이 좋아질 거예요'라고 말하는 것이었다. 이때 서평의 말소리와 눈은 병자답지 않게 유순하고 빛나는 게, 행복에 잠겨 있는 듯했다."

이토록 서평은 어린아이를 깊이 사랑하였다. 어린아이와 함께 있을 때는 자신의 병조차도 망각할 정도였다. 한국 여성계 원로인 김필례 여사가 그녀를 가리켜 "성경대로 사는 분"이라 했는데 아마 이런 면을 두고 한 말인 것 같다.

사재를 털어 시작한 광주 이일학교

서평이 한국에 온 목적은 의료 선교였다. 그런데 예수를 믿자면 무엇보다도 먼저 성경을 읽을 줄 알아야 한다. 하지만 당시 한국 여성의 교육 수준은 매우 낮았다. 특별한 부류의 여성들을 제외하고 대부분은 문맹이었다. 게다가 사회적으로 어떤 권리도 지위도 없어서, 살아 있으면서도 죽은 목숨이나 다름없었다. 결혼 전에는 부모님 집 안에서만 지내야 했고 결혼 후에도 친정 나들이 외에는 외출이 전혀 용납되지 않았다. 시집가서는 식사도 방에 앉아 하지 못하고 부엌 부뚜막 옆에서 밥그릇을 손에 들고 먹었으며, 젓가락도 없이 반찬을 손으로 집어 먹을 정도였다.

부창부수(夫唱婦隨)니 여필종부(女必從夫)니 하면서 아내는 무조건 남편을 따르고 순종해야 한다고 여겼다. 아내와 사별한 남자는 바로 재혼할 수 있었지만, 남편과 사별한 여자는 평생 과부로 지내는 것이 미덕이었다. 또 남자는 부인을 여러 명 두어도 상관없었지만, 만일 여자에게 조금이라도 부정이 있으면 법의 판단을 받을 것도 없이 동네에서 공개적으로 뭇매를 맞았다. 이뿐만이 아니었다. 칠거지악(七去之惡)이라는 불문율이 있어서 아기를 못 낳거나 난치병이라도 걸리면, 부부 중 누구의 책임인지 상관없이 무조건 아내를 쫓아냈다. 남편 상을 치른 아내는 상복을 3년 동안 입어야 하지만 아내 상을 치른 남편은 상복을 1년만 입으면 되었다. 자녀들의 경우에도 부친상에는 3년, 모친상에는 1년 간 상복을 입었다.

매사에 이런 식으로 남녀 간에 차별이 심해 여자는 항상 천대받았는데, 그 이유는 주로 여자에게 경제력이 없고 무식하기 때문이었다. 하지만 태어나면서부터 경제적인 능력이 있고 유식한 사람이 어디 있겠는가. 사회 제도적으로 여자들을 가둬놓고 노예 취급을 한 것이었다. 한국에 개화 바람이 불어닥치자, 무식하다는 이유로 아내들을 내쫓아 생과부로 만드는 일도 예사로 일어났다. 이러한 제도적 폐단과 관습 때문에 나라의 문화는 낙후되고 경제는 빈곤할 수밖에 없었다.

개화 바람을 몰고온 선교사 중 한 사람인 서 선교사는, 이토록 비참한 상태의 여권을 신장시키기 위해서는 여성 교육이 가장 시급한 과제임을 절감했다. 예수님의 사역(마 4:23)에서도 교육이 첫째였고, 그분도 여성이 남성과 동등한 권리를 가지고 있음을 인정하셨다. 바울 사도도 골로새서에서 "모든 지혜로 각 사람을 가르침은 각 사람을 그리스도 안에서 완전한 자로 세우려 함이니"(골 1:28)라고 하면서 그리스도 안에서 완전한 사람으로 세우자면 교육을 시켜야 한다고 했다.

간혀 있는 여성을 해방시키는 데도 교육이 필요했고 복음을 전하는 데도 교육이 필요했다. 남자의 경우에는 신학교에 가서 공부할 수 있었지만 여성에게는 그런 기관이 없었다. 그래서 서평은 군산 구암예수교병원에서 근무할 때 전주에 단기 성경공부 과정을 개설했다. 1-2개월 동안 여자들에게 성경공부를 가르치다가 점차 6개월로 늘렸다. 그러나 이 학교만으로는 여러 가지 면에서 부족했고, 좀 더 규모가 큰 교육 기관이 필요하다는 생각이 들었다. 사실, 무식하다는 이유로 남편에게 내쫓긴 과부나 성매매 여성, 또 학령이 넘은 나이 많은 여자들은 아무리 공부하고 싶어도 학교 교육을 받을 길이 없었다. 이들을 구제하기 위한 방도로 서평은 새로운 학교 설립을 결심했다.

1922년, 광주 제중병원의 간호사로 근무하면서 사재를 털어 양성학교를 시작했다. 처음 얼마 동안은 자기 집에서 성경만을 가르치다가 장소를 오원 기념각 옆 작은 방으로 옮겨 과학도 가르쳤는데, 입학 자격은 15세부터 40세까지의 불우한 여성들이었다. 과학과는 보통학교(지금의 초등학교)의 6년 과정을 4년에 마치도록 한 과정으로, 성경과는 과학과를 마친 사람들만 지원할 수 있었다. 1923년에는 학교를 양림교회(현 기장교회) 앞 건물로 옮겼고, 성경을 가르치는 3년제 정식 학교로 발족하였다. 그리고 얼마 후, 미국인 친구 로이스 니일 (Lois Neel, 한국명 이일)의 도움을 받아 양림 뒷동산이라 일컫는 선교사 마을 안에다 붉은 벽돌로 3층짜리 건물을 세웠다.

로이스 니일이 돌아가신 어머니를 위한 기념사업비로 저축해두 었던 돈을 전부 이 학교의 건축 기금으로 기부한 것이었다. 그래서 학교 명칭을 기부자 이름을 따서 이일(Neel, 李一)학교로 바꿨다. 이 때가 1926년이었다. 이 학교 학생들은 대부분 불우한 여성들이었 는데, 한번은 다음과 같은 일이 있었다.

전남 함평군 대동면에 사는 한 소녀는 아버지가 백정이었는데, 일찍 돌아가셨다. 초등학교를 졸업한 소녀는 계속 공부하고 싶은 마음이 간절했지만 백정의 딸인데다 어머니의 품행이 좋지 못하다 는 이유로 공부할 수 있는 길이 막혔다. 그렇다 해도 단념할 수 없 었던 소녀는 2킬로나 떨어진 윤병진 집사(현 광주제일교회 장로)를 찾아 가 상의했고, 윤 집사는 그 사연을 자세히 적어 서서평 선교사에게 보냈다. 서평은 대략 다음과 같은 답장을 보내왔다.

"하나님 앞에서는 직업의 귀천이 있을 수 없으며, 어머니의 부정 이 딸에게 무슨 상관입니까. 예수님께서 이 땅에 오신 것은 그런 사 람을 구원하시기 위해서였습니다. 건강한 자에게는 의원이 필요 없고 예수께서는 잃어버린 양을 찾으러 오셨다고 하지 않았습니 까. 내가 이렇게 기쁜데 하나님께서는 얼마나 기쁘실까요? 즉시 보 내십시오."

얼마나 자상하고 세세하게 적었는지 편지지 세 장이 앞뒤로 가 득 채워져 있었다. 편지 내용 중에는 "윤 집사님, 고맙습니다"라는 말이 열 번이나 들어 있었다고 한다. 윤 집사는 그 편지를 읽으면서

"할렐루야" 소리가 저절로 나왔고, 너무나 기쁜 마음에 몇 번이나 되풀이 읽었다. 그리고 그 소녀를 어머니와 같이 광주로 보내 이일 학교에 입학시켰는데, 지금 그 동네에 교회가 있는 것도 그때 일이 계기가 된 것이었다.

앞서 말했듯이, 이 학교는 불우한 사람들이 많았기 때문에 학생들은 학비를 부담할 능력이 없었다. 기숙사 시설이 있어 숙식은 서서평 선교사가 제공했지만, 기타 비용은 채울 수가 없었다. 그런데 다행히 학생들이 학비를 부담할 수 있도록 훌륭한 두 친구가 도와주었다. 서로득(徐路得)이라 불리는 스와인할트 장로 부인인 스와인할트 여사가 중심이 되어 모든 학생에게 자수를 가르쳤다. 학생들이 마포, 모시, 당목, 옥양목 등에 자수를 놓아 책상보, 손수건, 책보, 인형 등 수공예품을 만들면 버지니아의 밴스(R. G. Vance) 부인이 이것을 미국으로 수출하는 일을 맡아주었다. 미국으로 수공예품을 수출한 것은 아마도 이것이 최초일 것이다.

그리고 또 뽕나무밭(상전)과 잠실을 두어 양잠에서부터 제사, 직조를 가르쳤고, 다른 선교사들의 바느질감도 학생들이 맡아 하게 했다. 학교는 늘 생기가 넘쳤고 희망과 기쁨이 가득한 분위기에서 공부할 수 있었다. 이 소문이 널리 퍼지자 멀리 만주의 안동을 비롯해 전국 각지에서 학생들이 해마다 50-60명씩 모여들었다. 그 결과 정부에서도 서평의 공을 인정하게 되어 산업과 학문 교육 부문에서 훈장을 수여했으며, 전국 각지에서 학교 운영을 배우고자 하는 이들이 찾아왔다.

이일성경학교 졸업생들은 전국에 흩어져 '전도 부인'(지금의 여전도사)이라는 이름으로 복음을 전파하며 간호사와 교사, 사회 여성 운동가 등으로 활약하였다. 이들에 대한 내용은 조지 브라운 박사의 《한국 지역 선교사》에 다음과 같이 기록되어 있다.

"이 학교에서는 후일 전도 부인, 선생 그리고 목사 부인이 된 많은 여성들을 배출했다. 이들 여성의 대부분은, 작은 시골 동네에서 알려지지 않고 인정받지 못한 채 피땀 흘려 노력만 했던 무명의 주인공들이다. 그들의 활동은 믿지 않는 마을에 발붙일 수 있는 발판이 되었고, 그들은 마치 돌격대원 같은 역할을 했다. 선교사, 남전도사, 목사들은 그들 뒤를 이어 침투했다."

학교의 설립자이며 교장이던 서평은 1934년 6월 26일에 세상을 뜨고, 이일성경학교는 1941년 9월에 신사참배 반대 사건으로 폐교당하고 만다. 이후 1948년 9월에 구애라 선교사가 교장이 되어 다시 문을 열었으나 1950년 6.25전쟁이 발발하자 구 선교사는 귀국하였고, 학교는 또 폐쇄되었다. 그해 12월에 유화례(F. E. Root) 선교사가 다시 교장으로 취임했다. 6.25전쟁으로 다른 선교사들은 전부 본국으로 귀국했는데 유화례 선교사만 남아 있었던 것이다. 그녀는 서평과 같은 처녀 선교사로, 한국 선교에 대해 서평과 같은 의견을 갖고 있었고 오랫동안 같이 지낸 가장 친근한 친구였다. 누구보다도 한국 여성 교육에 경험이 많은데다 설립 취지와 지도 이념을 잘 이해하고 있었기 때문에 후임 교장으로 최적임자였다.

하지만 고령으로 1958년에 퇴임하였고, 배사라 교장이 책임을 맡아오던 중 1961년 3월 31일 남장로교 선교부 방침(전남에는 남자성경학교-현 호남신학교, 전북에는 여자성경학교 각각 하나씩만 두기로 함)에 따라 전주 한예정신학교와 합병되었다. '한예정'의 '한'과 '이일'의 '일'을 합하여 한일여자신학원이라 개칭하였고, 1974년 12월 10일 문교부 대학령에 의해 4년제 대학으로 승격하였다. 강택현(1956년 2월 1일부터 이일학교 교사로 근무) 목사가 이 학교의 초대 교장으로 임명되었고, 광주 이일학교 교정에 건립했던 서서평 교장 내한 20주년 기념비는 전주 한일여자신학교 교정으로 옮겨졌다.

가르치고 쓰고 양육하고

서서평은 광주 이일학교와 전주 한예정성경학교를 설립하였고, 많은 불우한 한국 여성들에게 학비를 대주며 가르쳐 훌륭한 인재로 키워낸 교육자이며 저술가였다. 그는 세브란스병원(원장 어비신) 근무 당시 간호학교 교사이기도 했으며, 광주 나병원간호학교 교수와 전주 한예정성경학교 교사를 역임했다. 자신이 설립한 광주 이일학교에서는 교장을 맡기도 했는데, 간호학과 성경을 가르치는데 매우 탁월한 재능이 있었다. 당시 광주에 여러 명의 선교사가 있었는데도, 끼니때마다 밥도 차분히 앉아 먹지 못하고 서서 먹어야할 만큼 늘 바빴던 서평을 강사로 청한 것을 봐도 알 수 있다. 가르치는 그녀의 열정이 어느 정도였는지 말하자면, 제주 사경회 강사로 갈 때는 출발할 때부터 열이 높고 아픈 상태여서 물주머니를 허리에 얹고 누워서 가르쳤고, 임종 전 4개월 간의 와병 중에는 학생들을 자택으로 불러 침상에서 가르쳤다.

교육가로서의 서평의 자질에 대해서 커밍(D. J. Comming) 목사는 "학자라 칭할 수 있을 만큼 능숙한 언어와 성의로 교육시켰다. 참고서적과 전도지 번역, 모범적인 개인 생활과 조언으로 타 선교사들에게 큰 도움을 주었다. 뛰어난 지식의 소유자로 완전 무결했다"고 기록했다. 이것은 미국의 선교국에 제출한 보고문에 남아 있다. 또 세브란스간호학교 설립자이며 세브란스의 천사라 일컬어지는 E.L.쉴스는 이렇게 말했다.

"서평은 간호사를 위하여 교과서와 교재를 번역했는데 선교부 부속 모든 병원 학교에서 현재 사용하고 있다. 또한 한국어로 말하는 능력이 다른 서양 간호사들은 어림도 없을 만큼 뛰어났으며, 교사로서 다방면에 우수한 분이었다."

그리고 서평이 항상 바쁜 데 대해서는 "더욱 탄복할 만한 것은 허약한 몸과 병에도 불구하고, 심지어 병상에서까지도 가르치는 일에 열심이었고 많은 사업을 하신 것이다. 뿐만 아니라 살아있는 동안 전국 곳곳을 여행하시면서 놀랄만한 전도와 교육 및 사업을 해내셨다. 한국에서 그분이 했던 사역들에 관해 쓰자면 한 권의 책으로도 부족할 것이다"라고 했다.

미국 사람들만 서평에 대해 이렇게 생각한 것이 아니다. 선교사들과 함께 전도 사역을 했던 이교환 목사는 서평을 가리켜 '천 대 일'(1000:1)이라고 한다. 천명 분의 일을 할 만큼 부지런했다는 뜻이다. 또 커밍 목사의 '능숙한 언어'라는 표현과 쉴스가 서평의 한국어 실력에 대해 언급한 것을 보면, 그녀는 언어에 천재적인 소질을 타고난 것이 아닌가 싶다. 한 예로 이런 일이 있었다. 이봉림 전도사(순천제일교회)는 수피아여학교를 수석으로 졸업하고 평양여자신학교를 졸업한 수재였다. 그녀의 실력을 알아본 교장은 미국 유학을 시킬 생각으로 이 전도사를 불렀다.

"내가 2년 뒤 안식년에 미국에 갈 때 같이 데리고 가서 공부시켜 줄 테니, 그동안 어학 공부를 해둬라. 광주 이일학교에 가서 교편을 잡으면서 서평 교장에게 영어를 배우는 게 좋겠다."

교장은 발령 난 학교까지 바꿔가면서 이봉림을 이일학교로 보냈다. 선교사들 중에서 서평의 영어 발음이 상류층 발음으로 가장 고상하고 좋기 때문이라는 것이었다. 이봉림은 미국 유학을 마치고 돌아오면 나라를 위해 일하겠다는 벅찬 꿈도 있었지만, 서평 교장의 고귀한 인품에 감동되어 하루에 여섯 과목을 가르치면서도 피곤한 줄 몰랐다고 한다. 그렇게 열심히 가르치고 부지런히 영어 공부를 하던 중이었는데 불행히도 서평 교장이 세상을 뜨고 말았다.

서서평 교장은 이일학교 학생들 외에도 많은 이들에게 장학금을 주었다. 군산에서 3명의 간호사들을 뽑아 서울 세브란스병원과 기타 학교에 유학시켰고, 이일학교 설립 당시 황해도에서 유병택 장로를 불러서 총무로 일하게 하다가 일본 나고야(명고옥)로 유학시켰으며(김필례 발언), 정을수(서울성서중앙교회 여전도사)를 광주 수피아여학교를 졸업시킨 후 평양신학교와 고베신학교(신호신학)에서 공부하게 했다. 그런가 하면 간호학자로서 훌륭한 저술가이기도 했다. 한국간호협회 지정 출판 도서 22권 중에는 서평의 책이 4권이나 있다. '간호 교과서, 실용 간호학, 간호 요강, 간이 위생법'인데, 22권 중에 한 사람의 저서가 4권이나 포함된 경우는 오직 서평뿐이다.

또 간호 사업사와 간호 교과서에 관한 많은 책들을 번역했고, 간호사 회지를 편집 출판했으며, 간호협회 교과서 제정 위원, 간호회지 출판 위원, 간호회지 편집 위원으로 활동하기도 했다. 한 가지 주목할 만한 점은, 서평이 편집 위원이 되던 1929년 6월 5일자 회지부터 전에는 없었던 다음의 기사가 계속 게재된 것이다. 이 기사를 보아도 서평은 사업가이면서 한편 학자이기도 했다.

"나는 주의 앞과 중인 앞에서 4가지 조건을 맹세하나이다.

1. 청결한 마음과 진실한 뜻으로 직무를 행하며

2. 약이 해 있는 줄 알고는 자기나 다른 사람에게 복용케 하거나 시술치 아니하며

3. 근면하여 본직으로 고귀한 위(位)에 일치케 하며 병인과 자기만 아는 바 병인의 신분에 해로운 일체사는 구외(口外)에 내지 아니하며

4. 충심으로 의사를 보조하며 자기 담당한 병인에게 마음과 몸을 다하기로 함."

무엇보다 정직하기를

한번은 서서평 교장 앞으로 연판장이 올라왔다. 이일학교 기숙사생들 40명의 도장이 빨갛게 줄줄이 찍혀 있었는데 내용은 이러했다. C사감이 기숙사생들의 식량을 횡령했으니 그를 내쫓으라는 것이었다. C사감은 소아마비를 앓아 한쪽 다리를 저는 절름발이었다. 연판장에 적힌 이유는 식량 횡령이었지만, 그 이면에는 사실 다른 이유가 있었다. 첫 번째는 학교 사감이 절름발이라는 사실이 학교의 위신을 떨어뜨린다는 생각이었고, 두 번째는 그가 표리부동한 이중인격자라는 데 있었다.

이 사건의 진상을 조사해보면 정확한 이유를 알 수 있겠지만, 일단 서 교장 입장에서는 매우 기분 좋지 않은 일이었다. 연판장의 내용이 사실이라면, 서평이 그토록 신임했던 C사감이 교장을 배신했다는 말이었다. 그렇지 않고 다른 의도가 있다면, 학생들이 교장의 처사에 불만을 갖고 노골적으로 표현하는 것이었기 때문이다. 즉, 학생들은 서 교장이 C사감을 지나치게 편애한다고 생각한다는 뜻이요, 세상에 사람이 그리도 없어서 그런 불구자를 채용했느냐는 뜻이었다.

좀 더 확대해서 생각해보면, 서서평 교장이 갱생 부락(마을)에 예배 처소를 세운 일에 대해서 교계 한편에서 오해하고 있음을 나타내는 것(3부 '교회 봉사는 서평처럼' 참조)인지도 몰랐다. 또 한편으로는, 다른 선교사들이 서 교장에 대해 비호의적이라는 사실(5부 '동료 선교사들' 참조)이 이런 식으로 표출된 것인지도 몰랐다. 그 외 이유가 더 있다면, 잘못에 대한 처벌이 가혹하고 규율이 엄격한 서 교장을 향한 학생들의 반발일 수도 있었다. 하지만 학생들 대부분이 서 교장 도움으로 공부하고 있는 만큼, 이 모든 이유가 사실이라고 해도 연판장이라는 형식으로 불만을 드러내는 것은 지나치다는 생각이 들었다. 어쨌든 서평 입장에서는 이 사건을 그냥 무시해버리거나 일축해버릴 수 없었다.

김윤식 교무주임이 기숙사생 40명을 신입생 훈련실에 집합시켰다. 김 선생의 "먼저 기도합시다" 하는 말에 따라 모두 고개를 숙이고 눈을 감았다.

"전지전능하시고 사랑이신 하나님! 저희들이 주님 앞에 빕니다. 이 시간 저희들 사이에 얽힌 문제를 놓고 살아 계신 하나님 앞에서 풀어보고자 하오니, 어떤 방법으로 해결하든지 간에 주님의 마음을 상하지 말게 하시고 하나님께 영광 돌릴 수 있도록 하여주옵소서. 먼저 나 자신부터 살펴보고 거짓 없이 솔직하며 너그러운 마음을 갖도록 인도하여주시기를 주 예수님 이름으로 기도드립니다."

일동은 "아멘" 하면서 일제히 고개를 들어 김윤식 선생을 주목했다.

"C사감을 내쫓자는 학생은 그 자리에서 일어서시오."

40명 중 한 사람만 일어서고 나머지는 고개를 앞뒤로 돌려볼 뿐 그대로 앉아 있다. 일어선 학생은 말처럼 큰 키에 참외같이 둥근 얼굴의 청상과부였다.

"이번에는 C사감을 지지하는 사람이 일어서시오."

역시 고개를 이리저리 두리번거리며 남의 눈치만 살필 뿐 일어서는 학생은 하나도 없었다. 기립식으로 표결에 부쳐본 결과, 내쫓으라는 편이 2.5퍼센트였고 쫓아내지 말라는 편이 거의 100퍼센트였다. 그러면 연판장과 정반대인데, 어떻게 된 일이란 말인가?

이것은 솔직한 의사 표시라고 할 수 없었다. 남의 눈치만 보고, 바람 부는 대로 물결치는 대로 이리 쏠리고 저리 밀리는 소위 한국 사람들의 특성이었다. 이 방법으로는 안 되겠기에 일단 학생들을 해산시켰다. 그 상태로 이틀이 지나자 몇몇 학생들이 교장실을 찾아오기 시작했다. 약속이라도 한 듯 모두들 한결같이 하는 말이, C사감에 대한 이야기는 남에게 들었을 뿐이지 자신이 직접 본 게 아니라는 것이었다. 또 남의 말만 듣고 연판장에 도장 찍은 것은 잘못했으니 제발 용서해달라는 간청이었다.

서 교장은 그 사건을 이런 상태로 마냥 방치해둘 수가 없었다. 그래서 3일 후에 주동자였을 법한 학생 2명과 무슨 일이든 정직하게 말한다고 생각되는 학생 하나, 그렇게 세 사람을 교무실로 불렀다.

서서평 교장과 여선교사 4명, 엄현숙 선생이 함께 있는 자리에 한 사람 한 사람 불러다가 김윤식 선생이 물어보았다. 첫 번째 학생에게 "C사감 꼭 내보내야 하겠는가?"라고 묻자 그렇지 않다고 대답한다. 그러면 왜 그러는지 묻자 "식당 아주머니 말만 듣고 그랬던 것인데 잘못되었다"고 한다. 뭐라고 했는지 묻자 이렇게 대답했다.

"C사감이 아주머니한테 숭늉을 만들어달라거나 누룽지를 해달라고 한다는 것입니다. 우리 기숙사생들은 밥이 부족해서 배가 고픈데 양식을 낭비한다는 생각이 들었습니다. 그런데, 사실 별일 아닌 것 같습니다."

C사감이 가슴이 아프다든가 위가 나쁘다든가 해서 그런 일이 몇 번 있었다는 것이었다.

다음 학생에게도 똑같이 물었다.

"C사감 꼭 내보내야 하겠는가?"

"그럴 필요 없습니다."

"그러면 왜 내쫓으라는 데 도장을 찍었는가?"

"남 말만 듣고 찍었는데 생각해보니까 잘못되었습니다."

세 번째 학생에게도 물었다.

"C사감을 꼭 내보내야만 하겠는가?"

이 학생은 연판장에 도장을 찍으라고 강요당했으나 안 찍었다고 했다. 그 이유는, 도장을 찍으면 '우리가 우리에게 죄지은 자를 용서하여준 것같이 우리 죄를 용서하여주시옵고'라는 주기도문을 할 수 없다고 생각해서 거절했다고 한다. 그랬는데도 연판장에는 그

이의 도장이 찍혀 있었다. 노동일을 하고 돈을 받을 때 도장이 필요해서 늘 책상 위에 두고 다니는데, 주동자가 허락도 없이 도장을 가져다 찍어버린 것이었다. 이런 사정이 있었지만, 그래도 세 번째 학생 역시 도장이 찍혔기 때문에 책임을 져야 했다.

사실, 사감은 이 학교가 아니더라도 다른 곳에서 일할 수 있지만 학생들은 이 학교가 아니면 공부할 수 있는 곳이 없었다. 자기가 직접 도장을 찍지도 않은 세 번째 학생은 김 선생의 질문에 "예, 내보내야 합니다"라고 대답했다. 그 자리에서 C사감을 두둔하면 많은 학생들이 처벌받게 되기 때문에 C사감 한 사람이 물러나는 게 차라리 좋을 것 같다는 생각에서였다. 창문 밖에서 이를 엿듣고 있던 학생들은 이 학생이 분명 퇴학당할 것이라고 수군거렸다. 왜냐하면 서 교장이 매우 아끼는 C사감을 쫓아내야 한다고 말했기 때문이다. 그들 생각에 이 말은 C사감을 쫓아내는 일이 아니라 교장에게 반기를 드는 일로 여겨졌다.

그러나 C사감은 조용히 물러났다. 그리고 주동자를 포함하여 학생들 누구 하나 다치지 않고 연판장 사건은 수습되었다. 그렇지만 서평 교장은 이 일을 겪으면서 깊이 상심했고 많은 눈물을 흘렸다. C사감은 서 교장이 미국에서 데리고 온 친구도 아니었고, 일가친척도 아니었다. 한국인, 그것도 장애인으로 불우한 사람이었다. 그렇다고 해서 맡겨진 일을 수행하는 데 지장이 있는 정도는 아니었다.

예수님은 한 번도 다리 저는 자를 버려둔 적이 없으셨다. 그런데 이 사건을 보면, 같은 민족인데도 다른 사람에 대한 동정심이 전혀 없었다. 이 학교 학생들은 자비로우신 하나님을 믿는다는 사람들이고, 이런 하나님을 따라 자비를 베푸는 사람이 되라고 가르쳐야 할 사람들이었는데도 말이다.

그런데 교장의 뜻과 반대로 교장이 세운 C사감이 나가야만 한다고 주장한 세 번째 학생은 왜 퇴학당하지 않았을까? 서 교장은, 본의 아니게 도장이 찍혔지만 그럼에도 책임을 지려 하고, 한 사람보다 많은 사람을 더 중요시하며, 아무리 입장이 불리하더라도 정직하게 말하는 그의 자세를 좋아한 것이다.

서서평 교장 흉내 내기

서서평 교장은 학생들에게 미움을 받았다. 서평이 설립한 이일학교 학생들은 거의 다 불우한 여성들로서 서평 교장의 도움으로 공부할 수 있었는데도 그녀를 미워했다. 왜 그랬을까? 진실, 정직, 성의, 시간 엄수 등 모든 학교 규칙이 너무나 치밀하고 엄격하다는 것이 이유였다. 또 서 교장이 지나치게 깔끔하고 까다롭고 매정하다는 것이었다.

물론 교장이 학생들을 사랑하지 않아서, 미워서 트집 잡기 위해 엄격한 규칙들을 만든 것은 아니다. 그렇다고 미움 받지 않는 교장들은 학생들을 사랑하지 않는다는 말이 아니다. 어느 교장이든 학생들을 아끼고 사랑하는 건 다 똑같을 것이다. 하지만 서서평 교장은 유독 다른 점이 있었다. 그녀는 간호사였다. 무슨 직업이나 어떤 면에서는 희생정신이 필요하겠지만 간호사라는 직업은 더욱 그렇다. 간호사는 자기 자신을 완전히 희생하고, 자기 책임 아래 맡겨진 다른 사람의 생명을 보호하며, 그들의 고통을 덜어주고 건강을 증진하도록 도와주는 사람이다. 이것이 간호사의 윤리 강령이다.

간호사는 첫째, 청결 문제에 있어서 어떤 직업인보다도 예민하고 까다롭다. 모든 병균이 불결한 데서 번식하기 때문이기도 하고, 치료에 있어서 우선시되는 것이 청결이기 때문이다. 청결과 병 치료는 끊을 수 없는 함수 관계에 있을 뿐만 아니라 이 두 낱말은 동의어라 할 수도 있다. 성경에도 이에 대한 말씀이 나온다.

"한 나병환자가 나아와 절하며 이르되 주여 원하시면 저를 깨끗하게 하실 수 있나이다 하거늘 예수께서 손을 내밀어 그에게 대시며 이르시되 내가 원하노니 깨끗함을 받으라 하시니 즉시 그의 나병이 깨끗하여진지라"(마 8:2-3).

깨끗함을 받는다는 말은 곧 낫는다는 말이다. 병이 낫기 위해서는 무엇보다도 먼저 깨끗해야 한다. 그러므로 간호사는 자신부터 먼저 깨끗이 한다. 모자, 가운, 양말, 신발까지 모두 눈처럼 하얀색으로, 깨끗하게 유지해야 한다. 서평의 경우, 그런 정신이 바로 생활화됐다고 볼 수 있다.

학교에서 책상, 의자, 책장, 벗어놓은 옷과 신발, 주방의 찬장과 식기 등이 항상 깨끗하게 정돈되어 있어야 하는 것도 마찬가지 이유에서였다. 가령 폐 수술을 할 때 메스, 가위, 바늘, 니들홀더, 캘리 등 30여 종류의 수술 도구들을 쓰는 순서대로 정연하게 놓지 않고 아무렇게나 흩어놓았다고 치자. 그때그때 필요한 도구를 찾을 때마다 뒤적뒤적한다거나 눈으로 일일이 확인하면서 집어든다면 얼마나 시간이 걸리겠는가. 시간이 걸릴 뿐만 아니라 수술 결과도 어떨지 짐작할 수 있다. 정리정돈만 잘 해놓으면, 간호사는 일일이 눈으로 확인하지 않고도 도구들을 집어들 수 있다. 의사 손놀림만 보고도 척척 건네줄 수 있으니 수술이 얼마나 잘 진행되겠는가. 그래서 간호사는 정돈 정신 역시 생활화된다.

예수님도 광야에서 5천 여 무리를 먹이실 때 '떼로 백 명씩 또는 오십 명씩'(막 6:40) 앉히셨다. 만일 이렇게 정돈하여 나눠 앉히지 않았으면, 12명의 제자가 다섯 개 또는 일곱 개의 빵을 그 많은 굶주린 사람들에게 골고루 배불리 나누어 먹일 수 있었을까? 아마 시끄럽고 혼란스러운 상황만 벌어졌을 것이다.

셋째, 매정하다는 지적에 대한 문제다. 하지만 간호사는 아무 때나 인정을 베풀면 안 된다. 예를 들면, 맹장 수술 뒤에 물을 마시면 죽을 수도 있다. 그런데 환자가 목이 타 죽을 지경이라면서 물을 달라고 요구하면 어떻게 할 것인가? 환자들은 물을 먹으나 안 먹으나 죽기는 마찬가지니, 이왕 죽을 바에는 먹고 싶은 물을 실컷 마시고 죽겠다며 호소한다. 안 먹으면 죽을 것 같다는 것이다. 이때 간호사가 인정에 끌려 환자가 원하는 대로 물을 주면 어떻게 되겠는가? 이런 경우에는 아무리 사정이 딱하고 환자가 성화를 해도 물을 마시지 못하도록 하는 것이 환자의 목숨을 지키는 일이다.

넷째로 진실, 성의, 정직, 시간 엄수 등의 문제다. 사람의 생명을 맡고 있는 간호사가 진실하지 못하고 성의가 없다면 어떤 일이 생길까? 처치해야 할 시간에 처치하지 않고, 의사가 안 본다고 해서 게으름만 피우며, 책임 회피하기 위해 모든 사항을 허위로 기록하면 의사가 제대로 치료하고 처방할 수 없다. 그래서 간호사는 정직해야 한다. 교대 시간에 이전 담당자는 정시에 퇴근을 하고 다음 사람이 5분 정도 늦었다고 치다. 그 5분 사이에 분초를 다투는 응급 환자가 왔다면 어떻게 되겠는가? 그래서 간호사는 시간관념이 철저해야 한다. 마지막으로 서평이 잔인했다고 하는데, 이 역시 아픈 사람을 다루는 간호사 입장에서 봐야 한다. 다리나 팔의 한 부분이 썩어 들어가는 환자의 아픔이 안타까워서 그 부분을 자르지 않고 그냥 둔다면 결국 어떻게 되겠는가? 잔인하지만 환자를 살리기 위해서는 잘라내야만 하는 경우가 있다. 이런 상황을 늘 직면하는 것이 간호사다.

서평 교장은 이런 직업의식이 철저한 사람이었다. 동시에 영혼의 병을 다루는 선교사였기 때문에 죄를 깨끗이 씻어내는 일도 해야 했다. 이렇듯 막대한 책임을 지고 있는 그로서는 엄격하고 철저할 수밖에 없었다. 기도하는 성전을 강도의 소굴로 삼는 장사꾼들을 내쫓고 의자를 들어 엎으셨던 예수님처럼(마 21:12), 사회의 부패를 추방하고 사망에 이르게 하는 죄(약 1:15)를 회개하도록 하는 게 서평의 사명이었던 것이다.

그러기에 서평 교장은 책상 위를 문질러 보아 먼지가 손에 묻으면 청소를 다시 시키기도 하고, 기숙사 방문 앞에 아무렇게나 벗어 던진 신발이 있으면 그 신발 임자를 찾아내 기어코 본인 손으로 가지런히 놓도록 했다. 눈에서 불이 날만큼 혹독하게 혼냈던 것은 죄의 씨앗이 더 자라지 못하도록 하기 위해서였다. 그녀의 설교는 대부분 죄를 지적하고 책망하는 것이었는데, 말씀이 예리한 칼날같이 날카로워 썩어가는 부분을 도려낸다고 생각했기 때문이다(히 4:12).

또한 이 가난한 나라에서 사치와 낭비는 금물이라고 늘 말했다. 교실에서 달콤한 크림 냄새라도 나는 날이면 사냥개처럼 코를 킁킁거리고 다니며 범인 색출 작업을 했고, 머리에 기름기가 번질거리는 학생은 당장 우물가에 가서 감도록 했다. 학교 안에서 학생들은 무명베옷이나 세마포옷만 허용되었고 명주옷 같은 값비싼 의복은 입지 못하도록 했다. 어쩌다 모르고 입고 오면 집에 돌려보내 갈아입도록 했다. 생일 파티나 환영회, 송별회 등 낭비라고 여겨지는 행사는 일절 금했다.

한번은 이런 일이 있었다. 서평 교장의 생일날, 학생들이 서평을 기숙사의 신입생 훈련실로 초대했다. 학생들 모임에 교장을 참석하도록 한 것이다. 그리고 자신들이 준비한 행사를 진행하는데, 일종의 연극을 공연하는 것이었다. 출연자는 남의 흉내를 잘 내는 학생 한 명, 그리고 무대 장치는 책상 하나였다. 연기를 맡은 학생은, 책상 위를 슬쩍 훑은 집게손가락을 응시하면서 얼굴을 찡그리고 씁쓸한 표정을 짓는다. 다음 장면에서는 신발짝을 들고 관중을 쏘아보면서 누가 주인이냐고 고래고래 소리를 지른다. 다음은 사냥개처럼 코를 킁킁거리고 고개를 이리저리 돌리면서 허리를 구부린 채

걸어가는 흉내, 한 학생의 머리를 가리키면서 당장 우물가에 가서 감으라고 호통치며 내쫓는 흉내, 젖가슴이 비집고 나온 학생을 불러 세워 치마허리를 겨드랑이까지 치켜 올려 졸라매주는 흉내….

이 연극은 서평 교장이 평소에 했던 행동들을 학생들이 종합해서 재연한 것이었다. 연극 주제를 설명하지 않아도 무슨 흉내를 내는 것인지 너무나 잘 아는 서평 교장은 그저 빙글빙글 웃고만 있었다. 사실 이 일이 있기 전에 한 친구가 서평에게 말했었다. "물론 학생들이니까 탓할 건 탓해야겠지만 당신 자세도 한번 돌이켜볼 필요가 있지 않을까요?" 라고 하자 서평은 이렇게 대답하는 것이었다.

"학생들 비위 맞추기 위한 교육이 아니에요. '등불 든 부인'이라는 별명을 얻은 나이팅게일 선배도 수많은 군의관들과 정부 관료들에게 욕설을 들었거든요."

"하긴 그래요. 나이팅게일을 존경하는 사람들이 많아질수록 그에 비례해서 비난도 더 거세졌다고 하죠. 선생님도 그와 같은 처지군요."

"그런 말씀 마세요. 저 같은 사람이 어떻게 감히 그런 분과 비교될 수 있겠어요."

나는 '서평 교장 흉내 내기 연극' 얘기를 들려준 그 제자 할머니에게 "어쩌려고 그런 짓을 저질렀습니까?" 하고 물었었다. 할머니는 "그만큼 너그러우신 분이라는 것을 알고 있었기 때문 아닙니까" 대답하셨다.

그가 가르친 제자들

서서평 교장은 죽는 해까지 초등학교 4회, 신학과 8회 졸업생들을 배출시켰다. 그 졸업생들 중 지금까지 살아 있는 몇몇 사람들로부터 서평과의 일화를 들어보았다.

스승의 정신을 이어받은 김화남

김화남은 아들이 네 살, 딸이 두 살 되던 해에 남편을 잃었다. 그녀의 나이 스물 셋밖에 안 되었을 때였다. 그때부터 청상과부로 온갖 설움을 겪으며 살던 중 서른두 살 때 예수를 믿게 되었고 이일학교에 입학했다. 이일학교에서는 성경 공부도 중요시했지만 요리문답을 반드시 먼저 외워야 했다. 그런데 김화남은 잘 외우지 못했고, 어느 날 서평 교장이 김화남을 불렀다.

"요리문답을 다 외우면 상으로 신구약 성경책을 줄 것인데, 왜 외우지 못하느냐?"고 나무라면서 모진 매질을 하는 것이었다. 매를 맞은 김화남은 어찌나 서러운지 '이 나이에, 남편한테도 맞아보지 않은 매까지 맞아가며 공부해야 하나! 이렇게 해서 뭐하나!' 하는 생각이 들어 다 집어치우고 싶어졌다. 울면서 밤을 새웠는데, 그래도 공부를 그만둬서는 안 될 것 같아서 다음날 서 교장을 찾았다.

"교장 선생님! 요리문답을 꼭 외워야 하겠지만 아무래도 못 외우겠습니다. 바느질 품팔이를 하면서 두 애들을 기르고 가르치느라 바빠, 백여 개나 되는 것을 외우는 게 쉽지가 않네요. 성경책은 내가 돈을 벌어 살 테니 그리 아시고…." 운운하면서 눈물을 글썽거리자 서 교장은 부드러운 말투로 대답했다.

"어제 내가 잘못했소. 나도 양같이 순한 학생에게 잘못한 것을 깨닫고 밤새 울었소. 용서하시고 바빠도 외우도록 하시오."

이후로는 정직하다고 칭찬하며 전보다 더 사랑해주었다.

김화남은 책을 살 형편이 못 되어 서 교장의 책을 빌려 공부했다. 한 친구는 몇 사람이 돌려가며 본 헌 책을 갖고 공부했는데, 이게 너무 낡아서 글자가 지워져 보이지 않는 것이었다. 안타깝게 생각한 화남은, 자기는 그 지워진 대목이 별로 필요하지 않은지라 자기가 보던 서 교장의 책과 바꾸어주었다. 그리고 그 일을 잊고 지내다가 바꾼 남의 책을 서 교장에게 돌려주고 말았다. 서평이 책이 왜 이토록 낡았느냐고 물었을 때에야 화남은 생각이 났다. 사실대로 말하자, 바꿔주는 것은 괜찮지만 양해도 없이 그러면 되겠느냐면서 처음에는 심하게 책망하는 것이었다. 그러나 화남이 거듭 잘못했다고 하자, 서 교장은 자세히 알아보지도 않고 심하게 책망한 것은 자기 잘못이라며 오히려 화남에게 용서를 구했다. 자기가 이렇게 성질이 급해서 결혼도 안 하는 것이라는 변명까지 하면서 말이다.

한번은 팔레스타인 지도를 그려오라는 숙제가 있었다. 화남은 집안일과 학교 공부로 너무 바쁜지라 차분히 앉아 지도를 그릴 틈이 없었다. 그러나 숙제를 안 할 수도 없어서 연필로 지도의 윤곽만 그려 이름을 쓰고 도장을 찍어서 제출했다. 다음날 점수가 매겨진 학생들의 지도가 교실 벽에 게시되었다. 푸른색, 하늘색, 밤색 등 물감으로 색칠도 하고 책의 지도와 비슷할 정도로 잘 그린 지도에는 25점이 매겨졌고, 세 살 난 아이가 연필 장난 한 것처럼 길쭉한 동그라미 하나 그려진 화남의 지도에는 75점이 매겨져 있었다. 화남은 못 그린 지도가 다른 학생들 보기에 부끄럽기도 하고, 또 점수를 보니 조롱이라도 당한 것 같아서 매우 불쾌했다. 그러나 교장의 평가는 그런 뜻이 아니었다.

"김화남의 지도를 자세히 보면 선을 아주 정성들여 그렸소. 이름도 제자리에 공들여 써 있고 도장은 비뚤어지지 않게 반듯이 찍혀 있고…그래서 100점을 줄까 했으나 75점을 매겼소. 다른 학생 것은 아주 예쁘게 잘 그렸소. 그러나 자기가 직접 그린 것이 아니고 남이 그린 것이요. 그래서 25점을 준 것입니다."

서평은 항상 거짓말을 하면 안 되고 솔직한 것이 좋다고 말했다. 한번은 서 교장이 학생들에게 개인전도나 부흥회 등 어떤 계기로 예수를 믿게 되었는지 물었다.

화남은 자기 차례가 됐을 때 벌떡 일어서서 말했다.

"저는 숭일학교 선생에게 전도를 받고 믿게 되었습니다. 그런데 교장 선생님께 섭섭한 일이 있습니다."

"뭐가 섭섭했단 말인가요?"

"교장 선생님께서 전에 어느 주일날 백운동 길가 어떤 집 마당에서 주일학교 학생들에게 공부를 가르치고 돌아가시면서 나를 보셨는데, 예수 믿으라고 전도하시지 않았습니다. 나는 예수 믿을 자격도 없는 건가 생각되어 매우 슬펐습니다."

서평이 언제 어디서나 사람을 만나기만 하면 잊지 않고 반드시 복음을 전한 것은 아마도 그 후부터일 것이다.

서 교장이 한번은 화남을 부르더니 3원을 주면서 공부하는 데 보태 쓰라고 했는데, 화남은 받지 않으려 했다.

"감사합니다만 안 받겠습니다. 제가 한글을 깨쳐 성경이나 읽으면 되지 어떻게 학교 과정을 다 마치겠습니까. 공부 많이 하는 것이야 물론 좋지만, 두 아이를 가르치는 게 우선이라 저까지 공부할 수는 없는 노릇이에요. 그래서 저는 어느 정도 하다가 그만둘 생각이니 다른 사람을 도와주십시오."

그러나 서 교장은, 다른 사람들은 안 준다고 성화인데 이상한 성격이라면서 기어이 받으라는 것이었다. 이 일 후에 서 교장은 직원 회의를 열어 김화남에 대해서 물었다. 그러자 선생들은 한결같이 이렇게 대답했다.

"인상 좋고 거짓말 안 하고 화 잘 안 내는 사람입니다. 공부하면 좋은 일꾼이 될 거예요."

서 교장은 무엇보다 정직한 것을 좋아하는 사람인지라 김화남만은 꼭 공부를 마치도록 해야겠다고 결심했다. 결국 화남은 서 교장의 도움으로 신학과 3년 과정을 4년 만에 졸업했다. 1년이 늦어진 것은, 3년 동안의 출석률이 나빴기 때문이었다.

서평 교장은 화남을 순천 지방 순회 전도 부인으로 파송하면서 한국의 풍속을 염두에 두고 다음과 같이 말했다.

"어떤 경우이든 전도 대상은 여자로만 제한하고 남자에게는 하지 마십시오. 남자에게는 남자 전도사가 있으니까요."

1967년, 김화남 전도사는 문득 서평 교장이 그리워져 양림 뒷동산에 있는 묘지에 올라가보았다. 봉분한 지 거의 35년이 지난 때라 비석만 우뚝 서 있고 무덤은 황폐해지고 초라해져, 평지가 되다시피 되어 있었다. 이것을 안타깝게 생각한 김화남 전도사는 동창생들한테 2백 원씩을 걷어 사토한 적이 있다. 그런데 사토 작업을 하기로 한 전날 밤 꿈을 꾸었다. 화남이 묘소를 향해 가파른 산을 올라가고 있는데 서평 교장이 묘지에서 내려다보며 손짓을 하는 것이었다. 어서 올라오라고 하더니 살아 있을 때와 똑같은 모습으로 수선스럽고 부산하게 자기 분묘를 여기저기 들여다보다가 아무 말 없이 사라졌다.

그리고 이듬해인 1968년 3월 15일에 난데없이 서평의 조카 W. J. 헨니시이가 성묘하기 위해 미국에서 서울을 거쳐 광주에 왔다. 헨니시이는 대한간호협회장 홍신영 박사가 소개한 직원의 안내를 받아 광주에 와서 제자 김화남 등 수십 명과 함께 성묘했다. 이 일 후에, 김화남은 평소에 부활의 확신을 강조했던 서평 교장이 영감을 통해서 자기에게 일을 지시하고 있는 것 같다는 생각이 들었다. 서평 교장을 떠올리면 화남은 눈물이 절로 흘러나왔다.

1980년 당시 90세였던 김화남 전도사는, 전남 성로원 원장으로 눈물겨운 사역을 하고 있었다. 그녀의 딱한 형편을 아는 사람들은 고령에 무엇 때문에 그렇게 고생하느냐면서 사역을 그만두라고 하곤 했다. 그러면 화남은 고맙게 생각하기는커녕 "일하다 그만둔 사람 어디 있다우?" 하면서 오히려 불쾌하게 여겼다. 그녀는 서평 교장의 도움으로 공부했으니 죽는 날까지 외로운 할머니들을 돌보아 주는 것이 자신의 사명이라고 생각했다. 그렇게 살았고 또 그렇게 가르쳤던 서 교장의 당부에 순종하는 마음도 있고, 은혜에 보답하는 길이라는 것이었다. 하늘나라에 가서 떳떳하게 대할 수 있으려면 쓰러질 때까지 일해야 한다면서, 아침 저녁 예배 인도는 말할 것도 없고 매일 2시간씩 할머니들에게 성경을 가르치고 있었다(4부 '자선 사업가의 씨앗이 된 서평' 참조). 그런 의지와 정신력 때문인지 아흔이 넘은 나이임에도, 듣고 보는 것에 불편함이 전혀 없었고, 기억력도 좋았다.

하나님 사업에만 심혈을 쏟은 강계생

제주도에서 태어난 강계생은 스물한 살 때 결혼을 했다. 그런데 알고 보니 속아서 후처로 들어간 것이었다. 백년을 해로해야 할 결혼의 첫 발을 내딛는 순간부터 자신을 속인 사람과 수많은 날들을 어떻게 믿고 살아갈 수 있겠나 싶어서 보따리를 싸들고 친정으로 되돌아왔다.

쪽 지어 올렸던 머리를 풀어 다시 땋아 내리고, 아무도 모르는 먼 곳으로 떠나 다른 사람과 새로 결혼할 수도 있었다. 그러자면 수대에 걸쳐 살아온 고향 땅을 떠나 생소한 곳으로 가야 하는데, 그것은 쉬운 일이 아니었다. 설령 용기를 내어 그렇게 한다 해도, 자신을 속였던 신랑과 똑같이 남을 속이는 일이 되니 그렇게 하고 싶지는 않았다. 그래서 남편 없는 과부로 살아갈 수밖에 없는 처지가 되었던 것이다. 기구한 자기 팔자가 하도 기가 막혀 눈물과 탄식으로 나날을 보내던 중 전도를 받게 되었다. 계생은 세상에 믿을 이라고는 예수님 밖에 없다는 말을 듣고 스물두 살 때부터 믿기 시작했다.

강계생은 나중에 장로가 된 형부의 주선으로 제주도를 떠나 광주 이일학교에 입학했다. 스물넷에 초등학교(과학과) 1학년생이 된 것이다. 친정은 이일학교 학비 정도는 내줄 수 있을 만큼 경제적으로 여유가 있었지만, 예수 믿고 가출했다 해서 그녀를 버린 자식으로 취급했다. 물론 서평 교장의 도움도 받고 학교에서 일거리도 주고 해서, 약간의 학비를 벌기는 했지만 그렇다고 해서 어려움이 전혀 없지는 않았다. 강계생은 오직 배운다는 기쁨 하나로 누에를 치며 생사를 뽑고 직조를 하는 등의 고된 일에도 지칠 줄을 몰랐다.

어느 해 여름에는 먹을 것이 없어 계속 굶을 수밖에 없었는데, 결국 영양실조로 학질에 걸리고 말았다. 그러면서도 맡은 일은 기어코 해내는 성격이어서 쉬지도 않았다. 며칠을 굶으며 학질을 앓다 보니 땅이 빙빙 돌고 눈이 어질어질하며 다리가 휘청거리는데 도저히 배겨낼 수가 없었다.

계생은 체형이 크고 비대한 편이라 '뚱보'라는 별명까지 듣는 사람이었다. 그러니 며칠을 굶고 학질로 큰 고생을 하는데도 몸이 축나지 않아 다른 사람들은 그 사정을 몰라주었다. 이럴 때는 몸이라도 좀 축나주었으면 하는 마음이 들면서, 자신의 비대한 체격이 원망스럽기만 했다. 하루는 도저히 견딜 수가 없어서 방에 들어와 앉아 있는데, 왈칵 치미는 슬픔에 눈물이 쏟아져서 그만 엉엉 소리 내어 울면서 울부짖었다. "오히려 외국 사람(서평)은 나를 도와주는데, 내 친정은 나를 버리고 친구들도 내 사정을 전혀 몰라주는구나!" 하면서 자기 가계부를 꺼내 서평 교장이 그동안 도와준 식비 금액을 적었다. 이 모습을 본 친구 하나가 서평 교장에게 말했고 서평은 강계생의 방으로 달려갔다.

"왜 우는가?"

계생은 이렇게 된 마당에 무엇을 감추랴 싶어 사실대로 말했다.

"교장 선생님께서 매달 주시는 돈으로 끼니를 이어오는 형편인데 이번 달에는 그 돈을 주시지 않은데다, 제가 지금 학질에 걸려서 너무 힘들고 아파 그럽니다."

이 말을 들은 서평 교장은 대경실색하면서 회계 직원을 불러 물었다. 그 직원은 다른 바쁜 일들이 많아 그만 잊어버렸다고 하는 것이었다. 서평은 그 자리에서 무관심했던 자기를 용서하라고 말하면서 "가계부에는 뭘 쓰고 있는가?"라고 물었다.

계생은 "교장 선생님께서 그동안 도와주신 돈에 대해 장차 내가 돈을 벌면 갚아드리려고 적었습니다"라고 대답했다. 이 말을 들은 서평은 "공부나 잘했으면 됐지 누가 돈 갚으라고 하더냐!"면서 마구 야단을 쳤다고 한다.

어쨌든 강계생은 서평의 도움으로 보통과 4년과 신학과 3년, 그리고 평양여자신학교 2년 과정까지 모두 마쳤고, 제주도 전도사로 파송받았다. 당시 서평은 계생과 같은 제주도 출신 전도사 5명을 제주에 파송했는데, 그중에서 강우자와 주봉욱은 오래 전에 이미 타계했고, 홍순희는 76세 때 전도사직을 사임하고 제주 법환리교회의 권사로 시무했으며, 김치수는 83세 때까지도 제주 양로원 전도사로 있었다. 강계생은 모슬포, 세화리, 성읍리, 성산포 등 교회들의 전도사로 시무하다가, 78세 되었을 때는 권사로서 제주도 여전도회 연합회장으로 활발하게 활동하였다.

계생은, 이 모든 것들이 자기를 교육시켜준 서평 교장에게 보답하는 길이라 여기고 사생활을 모두 포기한 채 오로지 하나님 사업에만 심혈을 쏟았던 덕분이라면서 기뻐하였다. 강계생은 서평 교장이 정했던 교훈 "전심으로 주를 섬기는 자가 형통한다"는 말씀을 인생의 좌우명으로 삼았고, 8.15해방 후에는 '오직 주님만 믿고 충성하면 형통한다'는 의미의 '형신'이라는 이름으로 개명했다. 그녀는 서평에 대해 자신의 어머니요 은사이시며, 한국이라는 나라에 있어서는 선교사 중의 선교사였다고 말했다.

서평 교장의 총애를 받았던 오복희

서서평 교장은 학생 중에서 오복희를 누구보다도 총애했다. 오복희는 열여덟 살에 결혼했는데 바로 그 다음해에 남편을 잃었다. 여자가 두 번 결혼하는 것을 금기시하던 시대인지라 재혼도 못했다. 하지만 윤리상 그렇다 뿐이지 절대 재혼해서는 안 된다는 법이 있는 것은 아니었다. 정식으로 결혼은 못한다 해도 '보쌈'이라는 이상야릇한 방법으로 재혼할 수도 있었다. 재혼을 합리화하기 위한 관습 같은 것인데, 홀아비와 과부 구제책으로 이런 일들이 종종 벌어지던 시대이다. 그러나 오복희는, 그렇게 하는 것은 양반 가문의 수치라 해서 평생을 청상과부로 살아야 했다. 이것은 당시의 윤리관이지만 실제로 지킨다는 것은 무척 어려운 일이었다. 오복희는 지키겠다고 마음먹었으나, 가만히 생각하면 아득하고 앞이 캄캄하며 기막힐 뿐이었다. 양잿물을 세 번이나 마셨지만 죽는 데는 실패하고 말았다.

그야말로 실의와 낙담으로만 나날을 보내던 중에 그리스도의 복음을 듣고 예수 믿기로 작정했다. 제대로 믿기 위해서는 성경을 읽을 줄 알아야 하기 때문에 학령 초과자도 갈 수 있는 이일학교에 입학했다. 그러나 집에서는 기독교에 반대했으므로 학비를 대주지 않았다. 하는 수 없이 서평 교장의 도움을 받을 수밖에 없었다. 교장 장학금으로 공부하는 학생은 오복희만이 아니었다. 19명이나 되었는데, 전체 학생 중에서도 그가 가장 총애를 받았다.

이일학교 학생들 중에서 서 교장에게 매 한번 안 맞고 꾸중 한번 듣지 않은 사람은 오복희밖에 없었다. 가끔 학생들 간에 시비가 벌어져 교장에게까지 알려지는 경우가 생기면, 오직 오복희만 증인 자격이 있었다. 서 교장은 오복희 외에 다른 학생들의 말은 믿을 수가 없다는 것이었다. 그러니까 학생들은 오복희를 시기하고 미워했다. 서 교장도 이 사실을 모르는 바는 아니었지만, 그럼에도 오복희를 특별히 사랑했다. 아마도 오복희가 서 교장 자신과 비슷한 점이 있고 똑같은 처지라고 생각해서였던 것 같다. 서평은 오복희가 바른 양심을 가졌다고 생각했다. 오복희는 늘 바른 말을 했고 요령을 부릴 줄 몰랐으며 단순한 사람이었기 때문에 까닭 없이 또래들한테 미움을 받았다. 서 교장은 평상시에 다른 선교사들에게 이렇게 말하곤 했다.

"오복희만은 평양신학교까지 마치게 해서 내 오른팔로 쓰겠다."

서서평 교장이 별세한 후 서 교장 장학금으로 공부하던 학생들 대부분이 학업을 중단할 수밖에 없었지만, 오복희만은 서평과 친했던 선교사 구애라 부인의 도움으로 이일학교를 마칠 수 있었다. 서평의 살아생전 뜻을 선교사들도 알고 있었던 것이다.

그리고 서평 교장은 임종 때 단 한 학생에게만 유언을 남겼는데 그가 바로 오복희였다. 오복희를 침상 옆에 불러 세워놓고 "너는 광주천변의 빈민들에게 전도하라"는 한마디를 남기고 눈을 감았다. 서 교장 장례식 행렬의 관 앞에서 화환을 들고 간 학생도 바로 오복희였다. 서평 교장이 그를 가장 사랑했다는 것을 모두가 알고 있었기 때문이다. 1980년 즈음에 그는 귀일원(신체장애인 수용소)의 전도사로 시무했다.

3부
나는 조선의 전도자입니다

부인 전도단을 꿈꾸다

1920년의 일이다. 미국 장로교 부인조력회 회장 W. C. 윈스보로 부인이 한국을 방문했다. 그는 전주, 군산, 목포, 순천 등지의 미국 남장로교 선교부를 거친 후에 광주에 도착했다. 광주에서는 10일간의 사경회가 오원 기념각에서 시작되는 날이었다. 말씀을 듣고자 하는 여성들이 산간벽지에서부터 구름처럼 모여들고 있었는데, 그 중에 한 노부인은 다리를 질질 끌다시피 하면서 오원 기념각 기숙사에 도착했다. 새벽부터 30킬로미터가 넘는 길을 하루 종일 걸어왔다는 것이다.

"아이구 다리여어! 오는 길에 짚신이 다 닳아 떨어져서 맨발로 걸었더니 돌에 채여 발가죽이 터지고 뼈가 삐죽삐죽 내미는구만. 장아찌에 보리밥 한 술 먹은 건 다 꺼지고…하나님께서 내 다리에 힘을 불어넣어 주시지 않았더라면 지금쯤 길바닥에 쓰러져 죽었을 것이여! 이 늙은 것이 누울 따뜻한 방을 선교사님들이 어디에 마련했을까?"

그녀는 피 묻은 발을 문지르면서 한숨을 내쉬었다. 그러면서도 고대했던 사경회에 왔다는 즐거움에서인지 얼굴에는 기쁨이 넘쳤다. 그 노부인은 한 중년 여자의 인도로 백여 명의 부인과 처녀들이 각자의 물건들을 정리하고 있는 방으로 들어섰다. 노부인은 목이 탔다.

"아주머니! 목이 마르는데 물 한 잔 마실 수 없을까요?"

안내하던 여인은 곧바로 주방으로 가서 커다란 솥뚜껑을 열고 숭늉을 한 대접 떠다 주었다. 계속해서 수많은 여자들이 그곳으로 모여들었다. 모두가 머리에는 열흘 분의 식량을 이었고, 어떤 이들의 치맛자락에는 어린아이가 매달려 있었다. 아기를 등에 업은 사람도 있었다.

원스보로 부인은 부산에서 대전을 거쳐 전주까지 기차로 이동했는데, 오는 길에 본 한국 여성들은 집안일에 꼼짝없이 매여 있었다. 그녀들은 밖에서는 밭일, 냇가에서는 빨래, 집안에서는 밥 짓기, 애기 보기, 바느질, 다리미질과 길쌈을 하고 있었다. 끝없는 일에 꼼짝 못하고 갇혀 있는 줄로만 알았는데, 이곳에 와서 보고 깜짝 놀랐다.

"이 많은 사람들이 정말로 성경 공부를 하러 왔을까요?"

"예, 그렇습니다. 부인이 보고 느끼신 대로 한국 여성들은 바쁩니다. 그렇지만 일 년에 한 번 있는 이 집회를 기다리다가 모든 가사를 제쳐두고 모인답니다. 시어머니는 며느리나 딸에게, 딸이나 며느리는 어머니나 시어머니에게 일을 맡기고 말입니다. 물론 그렇게 하기까지는 많은 어려움이 있죠. 믿지 않는 남편들은 못 가게 해요. 그래도 사생결단하는 마음으로 옵니다. 왔다가 돌아가면 얻어맞기도 하고 내쫓기기도 하고 그래요."

그 해에는 3백 명 가량 모였다. 부자, 가난한 사람, 늙은이, 젊은이 할 것 없이 한 곳에서 공동생활을 하는데, 보잘것없는 식사를 하면서도 웃음을 터뜨렸고 분위기는 늘 화기애애했다. 종소리에 따라 잠자리에서 일어나고 식당으로 가고 강당에 모였다. 모든 것이 매우 규칙적이었다. 열흘 동안 이 광경을 눈여겨본 윈스보로는 서평 선교사에게 물었다.

"이 사람들은 대부분 어떤 생각으로 모인 건가요?"

"물론 성경 공부를 하러 오긴 하지만 처지는 각각 다르죠. 세상의 육적인 생활을 끊고 이 기간 동안만이라도 영생만을 사모하겠다는 마음으로 온 사람도 있고, 신앙심을 길러 일상생활에 필요한 힘을 얻기 위해 온 사람도 있습니다. 첩을 둔 남편이 언제 자기를 쫓아낼지 몰라 앞길을 하나님께 맡긴다는 절박함으로 온 사람, 남편의 학대에 못 이겨 잠시나마 피하러 온 사람, 남을 지도하기 위해 필요한 지식을 얻고자 하는 사람, 전도 방법을 배우기 위한 사람 등등입니다."

"그러면 사경회의 큰 목적은 어디에 있죠?"

"성경 말씀에 대한 확고한 지식을 얻게 하고, 지식을 통해서 진리를 깨닫게 하며, 신앙과 생활의 체험 속에서 역사하시는 하나님의 사랑을 느끼게 하는 데 있죠."

"참 훌륭하네요."

"말하자면 사경회는 한국 기독교인들에게 있어서 은혜 받는 기회의 큰 축제라 할 수 있어요. 오셨으니 참석자들에게 말씀 좀 전해 주시죠."

미국에서 온 이 조력회장은 마지막 시간에 망설임 없이 강단에 섰다. 그리고 자신만만한 태도로 말하기 시작했다. 통역은 사경회 주강사이며 한국어를 한국인처럼 정확하고 유창하게 하는 서평이 맡았다.

"…미국의 부인조력회는 지도자를 양성하고, 재능 있는 자의 재능을 키워주며, 팀을 짜서 서클 활동을 합니다. 교회의 여러 법들을 따르고, 십일조를 바쳐서 외국에 선교사를 파송하기도 합니다…."

청중은 숨을 죽이고 경청했다. 그러나 집밖으로의 외출이 금지된 한국 여성에게 있어서 서클 활동은 개념조차 모르는 단어였고, 경제력이 없는 여성들에게 십일조를 한다는 것은 실정에 맞지 않는 일이었다. 그들은 이해하기 어려웠다. 원스보로 부인이 서평 선교사에게 조선에서도 조력회를 조직할 수 있을 것이라고 말하자 서평 선교사는 이렇게 대답했다.

"좋은 말씀입니다. 그러나 풍속과 경제 사정이 미국과 너무 달라요. 이 곳에 모인 3백 명 중 자기 이름을 가진 사람은 열 명도 안 됩니다. 그런 사람들을 데리고 어떻게 조직할 수 있을까요?"

원스보로 부인은 눈을 휘둥그렇게 뜨며 이름이 없는데 어떻게 출석부를 작성할 수 있느냐고 반문했다. 부인의 말에 서평은 아무개 엄마라고 적었다고 했다.

"안타깝군요. 그런데 누구 엄마라고요?"

"대부분 장남의 이름을 대는데, 장남이 없을 경우에는 장녀 이름을 대죠. 그런데 아들도 딸도 없는 사람을 부를 때가 어려워요. '아이 없는 아주머니'라고 부르자니 참 어색해요."

"그건 극복할 수 있는 문제 아닐까요. 그들에게 이름을 지어주는 방법이 있을 텐데…."

"한국의 여자들은 결혼하면 아이 때 이름을 사용하지 않죠. 하지만 자기 아버지 성은 알고 있으니까 그녀들과 상의해서 이름을 붙여줄 수는 있겠네요. 이렇게 해서 이름을 갖게 한다면 그 자체가 한 걸음 전진한 셈입니다. 그런데 아무리 적은 수라도 모임을 이끌 만한 리더를 길러내는 일이 쉽지 않을 것 같아요. 하지만 최선을 다해서 해보겠어요. 미국에 돌아가시면 교인들과 함께 저희를 위해서 기도해주시길 부탁드려요."

원스보로 부인의 제안은 좋은 성과를 거두고 있는 자신들의 경험에서 나온 것이었지만, 서평의 생각에도 이 일은 성경적으로 필요한 것이었다. 예수님과 열두 제자로 구성된 전도단도 당시 이스라엘 여인들의 도움을 많이 받지 않았는가(눅 8:1-3). 오늘날 전도의 사명을 띤 교회도 여성들의 힘이 필요하다는 것을 깨달은 서평은, 사경회에 모인 부인들을 기반으로 각 교회에 부인조력회를 조직하기로 결심했다.

부인조력회로 분주한 나날들

서서평은 조력회를 조직할 목적으로 미국에서 간행된 책자와 기타 도움 될 만한 인쇄물들을 빠짐없이 구독해서 번역하고 이를 도표로 만들었다. 그리고 그 해 가을과 겨울 동안 시골 교회를 두루 돌아다니면서 성경을 가르치는 한편, 조직을 통해서 일할 때의 장점들을 설명했다. 조력회를 조직하기 위한 기반을 마련한 것이었다. 그녀는 '스파트'라는 조랑말이 끄는 수레를 타고 다녔는데, 주로 시골 마을들을 돌아다녔다. 한 마을에서 칠 일 동안 가르치고 다음 마을로 옮기곤 했다. 길은 가파르고 날씨는 추워 이동할 때마다 매우 지치는 여정이었지만, 한마디라도 빠뜨릴 새라 열심히 듣는 시골 교회 부인들을 만나고 나면 새 힘이 솟고는 했다. 그래서 순회 여행을 계속할 수 있었다.

어느 날 서평이 머물고 있는 마을에 한 상인이 찾아왔다. 바로 윗 마을에 산다는 그는, 자기 동네 부인들도 외국 선교사가 와서 예수님 말씀을 들려주기를 기다린다는 말을 하고 갔다. 아직까지 복음이 전파되지 않은 마을에 들어갈 기회를 놓칠 수는 없는 일이었다. 서평은 즉시 그 마을로 가기로 결심했다. 요구하는 일정에 맞추려면 밤길을 떠나야만 했다. 그녀가 가르치던 반과 이웃 교회의 성경공부는 전도 부인 박씨에게 맡기고 길을 나섰다. 산에는 안개가 자욱하게 끼어 있었다. 한국 친구들은 밤에 출발하지 말고 아침까지 기다리라고 조언했지만, 서평은 조용히 떠날 채비를 했다. 한국인 소년 원달이를 마차에 함께 태웠다. 조랑말 스파트가 끄는 마차는 울퉁불퉁한 자갈길을 올라갔다. 가파른 오르막길인 데다가, 수레바퀴가 돌멩이에 걸리고 나무에 걸리고 해서 올라가기가 매우 힘들었다. 안개 속을 밝혀주는 희미한 등불은 산중에 괴상한 그림자를 만들었다. 원달이는 호랑이 소리가 날 때마다 두려움에 벌벌 떨었다.

길은 좁고 주위는 칠흑같이 어두워, 등불이 비춰주는 좁은 시야만 겨우 볼 수 있었다. 안개는 이슬비처럼 되면서 더욱 짙어지고 바람마저 불었다. 2킬로미터를 채 못 갔을 때 갑자기 스파트가 멈춰서더니 그 이상은 절대로 못 가겠다는 듯이 고삐를 흔들어댔다. 원달이가 재빨리 내려가서 마구를 살펴보니 가죽으로 된 띠가 헐거워져 있었다. 그때 갑자기 말이 소리를 지르며 펄쩍 뛰는 바람에 소년은 쥐고 있던 고삐를 놓쳐버렸다. 말은 그대로 달아나버리고 말았다.

"조랑말이 호랑이 소리를 들었든지 아니면 멧돼지 울음소리를 들었나봐요."

원달이는 울상이 되어 "이제 말도 없으니 어떻게 하시겠어요?" 물었다. 서평은 "달려가서 붙잡아 오너라. 원달이가 잡아 와야지, 별 도리 없지 않니?" 하고 말했다.

"말이 광주 가는 길로 갔어요."

"그러고 있을 틈이 어디 있어! 얼른 가서 잡아 오라고 하지 않았니?"

이렇게 그녀가 호통을 치는데도 소년은 머뭇머뭇하는 것이었다. 마을까지는 8킬로미터가 넘는 거리였다. 갈 수 있는 길이었지만 밤길이라 금방 갔다 오기는 쉽지 않았다.

"부인! 저는 부인을 혼자 두고 갈 수가 없어요. 이 밤중에 호랑이 밥이 되고 말 거예요."

"하나님께서 돌봐주실 거다. 이 일은 하나님을 위한 특별한 일이니까. 말을 잡아 오너라. 그리고 마을에서 만나자. 등불은 나를 주고 가렴."

소년은 할 수 없이 오던 길로 달려 내려갔다. 서평은 큰소리를 치기는 했지만 막상 혼자 오르막길을 향해 발을 내딛으려고 하니 가슴이 두근거렸다. 그녀는 옷자락을 여미고 빗속을 걸어 올라갔다. 바람이 그녀의 치맛자락에 휘몰아쳤다. 몇 시간이 흘렀고 비는 그치기는커녕 폭우로 변했다. 그녀는 비를 피해 잠시 동굴 속에 들어갔다가 정신을 차리고 다시 산길을 올라갔다. 올라가다 쉬고 또 올라가다 쉬기를 반복하는데 갈수록 오래 쉬어야 했다. 숨이 가빠지고 다리뼈는 오그라드는 것 같고 무릎의 힘도 빠졌다.

설상가상으로 돌풍에 등불이 꺼져버리고 말았다. 이제는 그림자조차도 볼 수 없었다. 느껴지는 것이라고는 발에 채여 비틀거리게 만드는 돌멩이들뿐이었다. 그러다가 상류 계곡에서 흘러내리는 도랑물이 나타났다. 그녀는 물속으로 들어갔다. 물은 그녀의 무릎까지 찼다. 갑자기 돌이 하나 미끄러져 나가는 바람에 발을 헛디뎌 그녀는 물속에서 넘어졌다. '다행히 뼈는 부러지지 않았어! 하나님, 감사합니다. 하지만 기력이 하나도 없구나!' 그녀는 기도했다.

"하나님께서는 저의 가는 길과, 제 곤경과, 이곳에서 하려고 하는 일을 알고 계십니다. 폭우를 잠재워주시고 저에게 힘을 주셔서 이 험한 골짜기를 빠져나가게 해주시옵소서. 마을에서 저를 기다리고 있는 부인들에게 갈 수 있도록 도와주시옵소서."

하나님은 그녀의 기도를 들어주셨다. 그녀는 정말 기적적인 힘으로 계속 걸어갈 수 있었다. 바람은 그치지 않았고, 밤이 지나 새벽이 다가오는 것 같았다. 그때 저만치 앞에서 불빛이 보였다. 그녀의 가슴은 기쁨으로 고동쳤다. 틀림없이 사람 사는 집이라고 생각했기 때문이다. 샛길로 접어들어 그 집 사립문 앞에서 잠시 숨을 돌렸다. '길가에 있는 이 작은 오두막집에는 누가 살고 있을까?' 문을 두드리니 한 남자가 문을 열고 고개를 내밀었다. 그리고는 깜짝 놀라며 그녀를 살펴보는 것이었다. 외국인을 처음 보았으니 놀라는 것도 무리가 아니었다. 그녀가 한국어를 하니까 그제야 마음이 놓였던지 들어오라며 문을 열어주었다. 따뜻한 방에서 잠을 자고 있던 그의 부인이 나왔다.

부인은 "춥겠군요. 옷이 비에 젖었네요. 그런데 당신은 여자인가요?"하고 물었다. 서평은 대답했다.

"네, 밤새 산에 있었어요. 좀 들어가도 되겠습니까?"

"이런 밤중에 들어오셔야지요. 어서 들어오세요."

서평은 겨우 문지방까지 지친 몸을 끌고 가서 젖은 신발을 벗기 위해 애썼다. 부인은 서평의 구두끈을 풀고 신발을 잡아당겨 벗기고는 "이제 보니 당신 발도 내 발하고 똑같군요" 하면서 웃었다. 그 한국 부인은 미국 사람 발이 샌들같이 생긴 줄 알았다고 했다. 뒤꿈치의 긴 뼈가 앞부분까지 이어져 발바닥에 혹이 달린 모양이라고 생각했던 것이다. 그 집 주인 내외는 그녀를 부축해서 들어오게 하고 미음을 입에 떠넣어 주었다.

서평은 주위를 살펴보았다. 등잔불이 어둠 속에 겨우 한 줄기의 빛을 비춰주고 있었다. 방에는 이 부부 외에 아들들이 다섯 명이나 자고 있었다. 사방 2미터가 조금 넘을까 말까 한 방이었다. 서평이 누울 만한 공간은 없어서 다리를 뻗고 벽에 기댔다. 비바람을 피할 안식처를 찾게 된 것에 깊이 감사하면서 눈을 붙였다. 먼동이 트자 부인은 일어나서 서평의 얼굴을 찬찬히 들여다보고 조용히 방을 나갔다. 부엌에 가서 아궁이에 솔가지 한 다발을 넣고 성냥을 꺼내 불을 붙였다. 불꽃이 확 일었다. 화염과 연기 일부는 아궁이를 통해서 구들장 속으로 빨려 들어가고 일부는 되돌아 나와 부인의 눈과 목덜미를 붉게 물들였다.

부인은 가마니에서 황금같이 노란 좁쌀을 퍼내다가 씻어 솥에 담고 물을 부어 뚜껑을 덮었다. 시렁에서 상을 내려 행주로 닦고 김치, 간장 종지, 그리고 약간의 건어물(외국 손님이 왔으므로)을 놓았다. 그러고 나니 솥에 밥이 끓어올랐다. 그때 그 집 남자도 나왔다. 놋대야에 물을 퍼 담아 말끔히 세수를 하더니, 평생 한 번도 자르지 않은 긴 머리카락을 위로 틀어 올려 솥뚜껑 손잡이만한 상투를 틀었다. 그는 외국 손님을 의식해서 옷매무새를 다듬었다. 그리고 잠자던 방에 들어가 버선을 신고 무명 두루마기를 꺼내다가 조심성 있고 위엄 있게 입은 후 짚신을 신었다.

서평은 잠결에 "원달아! 스파트 어디 있지?"라는 잠꼬대를 했다. 그 소리에 부인이 부엌에서 문을 열고 고개를 내밀며 "편히 주무셨어요?" 하고 물었다.

"네. 마음은 편히 잤지요. 그런데 몸이 굳어서 움직여지지 않는군요."

서평은 대답하면서 부인에게 미소를 지어 보였다.

"걱정하실 것 없어요."

부인의 말이었다.

"여기 세숫물 있으니 어서 세수하세요. 그리고 속이 비었을 테니까 뜨거운 물을 많이 드시고 식사도 많이 하셔야 해요. 그럼 금방 새사람이 된 것 같을 거예요. 내 말이 틀림없어요." 기진맥진한 서평은 그럴 거라며 시키는 대로 했다. 부인은 말을 이었다.

"당신이 입은 옷 말인데요, 형편없이 찢어졌어요. 아직도 젖어 있고. 깨끗한 옷을 한 벌 드릴 테니 설거지 할 동안 갈아입으세요. 그 다음에 어디로 가시는 길인지 물어보겠어요."

서평은 여주인을 향해 다시 미소 지었다.

그때서야 자고 있던 사내애들이 깨어났다. 아이들은 외국 사람을 보고 놀라서 벌떡 일어나 줄줄이 밖으로 나갔다. 대충 몸단장을 하고 난 서평은 원기가 회복된 것 같았다. 이 집 부인이 내준 옷은 희고 깨끗했다. 결국 인생은 즐거운 것이다. 그리고 이제 또 하루가 그녀 앞에 펼쳐지고 있지 않은가.

"저는 부인들이 들에 나가기 전에 마을에 도착해야 합니다. 그곳 부인들이 날 기다리고 있어요. 그리고 내가 여기 있으면 원달이도 못 찾아요."

"가마에 탈 수 있겠어요?"

"탈 수 있고 말고요. 가마꾼을 불러주세요. 귀찮게 해서 죄송스럽지만 어쩔 수 없습니다."

"귀찮을 게 뭐가 있어요. 그런데 길이 험하고 식전에 출발한다고 하면 삯을 두 배나 달라고 할 텐데요."

"두 배는 절대로 줄 수 없어요." 서평은 자기도 모르게 단호히 말했다. 하지만 몸이 너무 쑤셔서 마을까지 남은 길을 도저히 걸을 수 없는 처지 아닌가. 그토록 단호하게 말할 생각은 없었다. "그러실 작정이면 이 집 노인장보고 흥정을 하라고 하죠."

"그렇게 해주세요. 그리고 곧 떠나야 하니까 서두르라고 하세요. 정상 요금은 내겠다고도 말하세요."

그 부인은 노인장의 귀에다 대고 말하면서 웃었다. 노인은 곧 마을로 출발했고, 기다리는 동안 서평은 방에 부인과 함께 앉아서 성경 이야기를 해주었다. 부인은 신기한 듯이 귀 기울여 들었다. 드디어 가마꾼 두 명이 문 앞에 도착했다. 그들은 튼튼한 두 개의 장대 위에 궤짝 같은 것을 올려놓고 양쪽에서 메고 있었는데, 이 나무로 짠 궤짝 안에는 휘장을 쳐놓았다. 밝은 푸른 색, 붉은 색, 자주 색 등으로 화려하게 칠한 것이었다. 가마꾼들은 흰 무명옷을 입고, 상투 위에 작은 밀짚모자를 비스듬히 멋지게 쓰고 있었다. 서평은 가마 의자 위에 올라앉았는데 자리가 비좁아서 다리를 구부려야 했다. 가마꾼들은 가마를 들어올려 어깨에 메고 길을 떠났고, 가는 동안 길은 험하고 위험하며 외국인은 눈이 십리나 들어가고 코는 너무 길다며 잡담을 했다.

마을에 도착해보니 심부름 왔던 상인이 말한 대로 부인들이 선생(서평)을 기다리고 있었다. 모두 11명이었는데 대부분 농부의 아낙네들이었다. 몇 년 전에 전도 부인이 이 외진 곳까지 찾아와서, 인간은 죄 사함을 받을 수 있고 육신이 죽은 후에는 천국에서 영원히 살 수 있다는 얘기를 해주었다고 한다. 그들은 그 말을 잊을 수가 없었던 것이다. 그래서 선생님이 직접 오셔서 말씀도 들려주시고 그들이 읽을 만한 책이라도 주셨으면 했던 것이었다. 그들의 눈빛에서 말씀에 대한 열망을 읽은 서평은 지난밤 겪었던 일은 깡그리 잊었다. 그녀는 원기 왕성한 목소리로 그들에게 성경 말씀을 가르쳐주었다. 원달이는 스파트를 끌고 해질 무렵에야 도착했다.

2년 만에 전국으로 퍼지다

이렇게 마을에서 마을로의 순회 전도와 개인적인 만남을 갖는 동안 2년이 흘렀고, 서평은 조직을 구성하기 위한 기틀이 잡혔다고 생각했다. 그래서 1922년 12월 22일, 서평의 집에서 부인조력회(지금은 각 교단에 따라 '여전도회' '여선교회' '여신도회' 등 여러 명칭을 사용하고 있다)를 창립했다. 이후 회칙을 제정하여 조직적으로 활동하도록 훈련, 지도하는 한편 필요한 책들을 자기 돈으로 인쇄하고 배부하여 교회 사역을 적극적으로 돕도록 권장했다. 이러한 활동을 개 교회에서만 한 것이 아니라, 전남노회 주최 여성사경회나 성경학교 등에서도 부인조력회에 관한 강의를 하도록 했다. 서 선교사 자신이 강사가 되어 열심히 가르쳤고, 모임이 조직되지 않은 교회가 있다 하면 어디든지 직접 찾아가서 조직해주었다.

그로부터 3년 후인 1925년 전남노회에서 이 모임을 공식적으로 인준하자, 전북노회, 목포노회, 군산노회 등에서도 속속 인준되었다. 이렇게 되자 전국 연합 조직의 필요성을 느끼게 되었고, 1926년 평양에서 열린 15회 장로회 총회 석상에서 다음해인 1927년에 발기인 총회를 갖기로 결의하였다. 그리고 각 지방 대표 8명을 발기인으로 선정했다. 이 조직의 목적은 '장로회 총회의 외지 선교 사업을 협찬하기 위함'이었다. 회칙을 작성하여 원산에서 모인 1927년 16회 총회에 상정함으로써 정식 승인되었고, 총회 산하 모든 교회들도 서서평 선교사의 사업 계획을 채택하도록 결의했다(브라운,《한국 지역 선교사》). 이때 서평은 감격해서 말했다.

"한국 여성들이 얼마나 훌륭했는지 모릅니다. 때때로 이런 발전을 이루었다는 것이 믿어지지가 않아요. 과거에는 각 교회 보고를 받는 순서가 되면 장내가 아수라장이 됐죠. 다른 사람 말이 끝날 때까지 기다리라고 몇 번이나 제지시키지 않으면 안 되었어요. 말하는 사람만 있고 듣는 사람은 없었죠. 그런데 지난번 노회 때는 질서가 제대로 잡혀 얼마나 자랑스러웠는지 몰라요. 지도자를 양성하는 일이 내 취향에 꼭 맞는 것 같아요."

이어서 부인조력회에 대해 설명했다. "본 선교부에 속한 노회는 전라북도와 전라남도 그리고 제주도에 있습니다. 전 노회가 1년에 한번 모두 함께 모여 대규모 성경 공부를 해요. 그 다음에는 연합회라는 작은 집회가 있는데 이 연합회는 매년 5월 각 지부에서 교대로 모이죠. 우리 미국 장로교 소속인 네 개 장로회, 즉 북장로회, 캐나다장로회, 호주장로회 등으로 구성된 전국 장로회 총회는 9월에 열리는데, 단일 대표를 파견합니다. 우리 장로회 중의 한 회장이 김필례 여사인데 부인조력회의 도움으로 미국에서 교육받은 사람이 이에요."

이 업적은 서평 스스로도 매우 기뻐할 만한 일일 뿐만 아니라 선교 역사에서도 충분히 가치 있는 일이었다. 물론 복음 전도 사역이 여자들에게만 국한된 것은 아니다. 남자들도 마땅히 해야 한다. 그렇지만 오늘날 실정을 보면, 남전도회가 있기는 해도 여전도회만큼 활발하게 활동하지 못하는 것이 사실이다.

서평의 조력회 조직 운동은 여기서 그친 것이 아니었다. 죽기 바로 전 해인 1933년에도 제주도의 선안교회에 가서 창립해주었다고 《한국 지역 선교사》에 기록되어 있다. 당시 서평은 과로로 매우 쇠약해진 상태였다. 또 총회록에는 이런 기록이 남아 있다.

"경북 연합전도회에서 전국적으로 여전도회를 조직하겠다는 청원을 허락하고 규칙은 일치하게 함이 가한 줄 아오며…."

브라운 박사는 "서평은 1934년에 죽었다. 하지만 그녀의 꿈은 실현되었다. 서서평은 진실로 위대한 한국의 선교사였고 그녀의 생애와 업적은 신화적이었다…"라고 《한국 지역 선교사》에 적고 있다.

서평의 노력으로 시작된 여전도회 연합회는 놀랍게 발전하여, 오늘날은 기독교 각 교단마다 여전도회 연합회 대표를 외국에 파송하거나 외국 대표를 초청하고 있다. 이는 외국 여성 단체와의 교류를 통해, 다른 나라와 유대 관계를 강화하고 세계에서 국위를 선양하는 것이다. 우리나라는 기독교가 들어온 지 백 년도 채 못 되는

1980년에 이미 많은 선교사들을 외국으로 파송하였다. '전 세계를 복음화한다'는 기치 아래 '한국을 기독교 선교의 세계적 중심지로 삼는다'는 목표를 내걸고 모든 기독교인들이 매진해온 결과다. 지금은 이토록 눈부신 활약과 찬란한 업적으로 세계의 영혼들을 구원할 정도에 이르렀지만, 부인조력회 창립 당시 한국 여성들의 상황은 거의 밑바닥 수준이었다.

부인조력회를 조직하는 과정은 만만치가 않았다. 앞서 언급했듯이, 여성들은 안방과 부엌에 갇혀 온종일 눈코 뜰 새 없이 집안일만 할 뿐 사회적으로는 아무 지위가 없었기 때문이다. 시집가면 이름조차 없어지는 정도였다. 어린아이 때의 이름이 있다고 해도, 그 이름이란 것이 집안에서 부르기 적당하게 아무렇게나 지은 것이었다. 큰 딸은 '큰애', 작은 딸은 '작은애', 셋째 딸은 '셋째', 이런 식이었다. 시집가면 이것조차 못 부르게 되니 친정이 나주라 해서 '나주댁'이 되기도 하고, 성씨 따라 '김씨 부인' '이씨 부인' 등등으로 부르다가 아이를 낳으면 '아무개 엄마'로 불렸다. 이렇게 이름조차 없는 여성들을 데리고 미국식 조직체를 만든다는 것은 여간 어려운 일이 아니었다. 오랜 봉건 제도 하에서 종속적인 계급으로 치부되던 여성들이 아니던가.

그래도 서평은 끈기 있는 노력으로 사경회에서 훈련시키고, 이곳저곳 찾아다니며 기틀을 잡아주고, 모임을 구성하도록 이끌었던 것이다. 오늘날과 같이 한국의 여권이 신장된 데는 이 부인조력회의 힘이 매우 크다. 당시에 집 밖으로 나와 각 방면에서 지도자적인 역할을 감당한 여성들은 거의 다 부인조력회 회원들이었다.

그러면 이렇게 여성 운동의 위대한 업적을 남긴 조력회(여신도회, 여선교회, 여전도회의 전신)는 어떻게 운영했는지 살펴보자. 부인조력회는 각 교회에 하나씩이었는데, 세부 조직으로 열 가구를 하나로 묶은 원주회(지금의 구역 모임)를 두었다. 원주회는 그 구역에 속한 가구들 가운데 한 집에 모여 함께 기도하고 신앙 간증, 교회 봉사 방법 등을 논의하는 것이었다. 다음 조력회 모임 때 암송할 성경 구절도 배웠다. 그리고 나면 친교 시간이었다. 집 형편에 따라 감자, 배추 뿌리, 깨강정, 콩강정 등을 나눠 먹으면서 즐겁게 찬송을 부르고 서로 살아가는 얘기를 했다.

이렇게 원주회끼리 모이다가, 조력회라는 이름으로 교회에서 다 같이 모일 때는 자리를 원주회 별로 앉았다. 조력회는 예배, 회원 호명, 신입 회원 환영, 그 달에 생일 있는 회원들 생일 축하, 성미 수납, 지난 한달 동안의 사업 보고, 다음 달 사업 계획 발표 등의 순서로 진행되었다. 그리고 원주회 성과에 따라 시상도 했다. 시상 기준은 원주회 때와 조력회 때의 참석 숫자, 말씀 암송 결과 등이었다. 요즘처럼 수건, 비누, 플라스틱 바가지 등의 상품이 있었던 것 '은 아니고 우승한 원주회의 회원들 모두 일어서서 회장이 주는 우승기를 받아들고 우승가를 불렀다. 신나게 우승가를 부르면 다른 회원들이 박수를 쳐줬다. 그 뜨거운 박수가 즐거움을 배가시켜주곤 했다.

조력회 모임은 엄숙한 분위기에서 딱딱한 설교를 듣는 주일 예배와 달랐다. 웃고 싶어도 참고, 기쁠 때 자연스럽게 나오는 노래도 절제해야 하는 가정 예배와도 달랐다. 조력회에서는 기쁨과 즐거움을 마음껏 표현할 수 있다. 그때 우승가로 불렀던 찬송은 "믿는 사람들아 군병 같으니 앞에 가신 주를 따라갑시다…"였다. 조력회라는 단어의 뜻은, 힘을 모아 물심양면으로 교회를 돕자는 것이다. 성경에 나오는 여성들도 마음으로 돕고 몸으로 돕고 물질로 도왔다. 예수님 당시에 재산이 있는 부인들은 재산을 바쳤고(눅 8:3), 사도 시대에 루디아라는 여성은 돈을 벌어 교회를 도왔다(행 16:11-15).

그렇지만 한국 여성들은 재산도 없고 돈 버는 직업도 갖지 못했으니 경제력이 없었다. 그렇다고 아무것도 안 할 수는 없었다. 할 수 있는 일을 고민하고 찾기 위해 노력하다가 시작한 것이 성미였다. 쌀통의 쌀은 여성들이 자기 손으로 직접 다룰 수 있는 것이었다. 하지만, 가난한 살림에 쌀을 무작정 퍼낼 수는 없었다. 그래서 끼니 때 쌀통에서 식구 수만큼 쌀을 퍼 담은 후 그 분량에서 식구 한 명당 한 숟가락씩 기도하는 마음으로 떠냈다. 이렇게 모은 것을 하나님께 바쳤다.

이것은 이른바 순수한 십일조였다. 이 방법은 쓰고 남은 것이나 먹고 남은 것을 바친다는 식의 헌금이 아니었고, 내가 먹기 전에 먼저 하나님께 바친다는 정성이 깃들어 있었다. 식구들이 먹을 쌀을 한 숟가락씩 떠냈으니까 밥이 부족하고 배가 고플 것이라고 걱정할 필요는 없었다. 우주 만물의 소유주이시며 전능하신 하나님이 그 정성을 무시하실 리가 없기 때문이다. 성미를 바치는 이들은 몇

십 배 갚아주실 것이라는 믿음에서 기쁨이 충만했다. 이런 쌀을 성미라 하고 이 쌀을 교회에 가지고 갈 때 담는 자루를 성미 자루라고 했다. 이 성미 제도는 쌀 생산이 풍성한 호남 지방에서 그리 어려운 일이 아니었다.

그리고 또 부인들만 할 수 있는 사업과 교회 일들이 있었다. 주린 나그네와 걸인을 먹이는 일, 교역자, 찬양대원, 주일학교 교사 등 교회에서 봉사하는 성도들을 집에 청하여 대접하는 일 등은 여성들만 할 수 있는 특권이다. 이런 일들을 위해서 하나님이 부엌의 권한을 오직 부인들에게 맡기셨는지도 모른다. 부인은 가족을 대표해서 하나님께 헌미하는 제사장이 될 뿐 아니라 그 손으로 대접한 사람들이 집을 위해 축복을 빌어주니, 부인이야말로 그 가정의 축복의 통로라고 할 수 있다.

한국 기독교 초창기에는 여성들의 활동이 거의 없다시피 했다. 그럴 수밖에 없는 것이, 오랜 세월 내려온 유교의 폐습에 의해 여성들에게 많은 제약이 있었다. 여자가 교회에 갈 때는 쓰개치마를 둘러써야 했고, 교회에서는 남녀의 자리를 구분해서 중간을 막아야 했다. 따라서 수적으로도 매우 열세였다. 그런 상황에서 시작된 기독교가 오늘날에는 교회 성도의 3분의 2가 여성들일 만큼 바뀌었다. 여성들이 수적으로 우세해졌을 뿐만 아니라 교회의 여러 사역에서 절대적인 힘을 갖게 되었다. 이 원동력은 어디에서 온 것일까. 그것은 부인조력회에서 온 것이라고 확언할 수 있다.

부인조력회는 몸을 아끼지 않은 서평의 헌신과 노력으로 2년간의 준비 기간을 거쳐 조직되었는데, 불길처럼 빠르게 전국으로 확산되어 1933년에는 대한예수교장로회 총회에서 정식 승인까지 받게 되었다. 1934년 미국 장로교 다이제스트에 이 일에 관한 글이 실렸는데, 글을 쓴 이는 로버트 녹스(Robert Knox) 부인이었다. 요지는 다음과 같다.

"…일찌기 부인 사회에서 아주 훌륭한 업적을 이루어놓았는데 이는 한국 주재 소수 선교사들에 의해서 성취된 한국인들을 위한 사업이었다. 서서평은 전 여자 교인들의 관심과 협동심을 전 분야에 걸쳐 교회 사업에 참여토록 유도함으로써 그들이 복음을 땅끝까지 전도할 수 있는 터전을 구축하고 말겠다는 원대한 꿈을 가졌다.

이 목적을 달성하기 위해서 그녀는 미국 장로교 보조회 제도를 기본삼아 그 문헌을 한국어로 번역하고 헌장을 채택했다. 그리하여 1922년 12월 22일에 광주에서 한국 장로교회 여자 조력회를 조직하고, 1934년 6월 26일 그녀의 사망 시까지 이 단체를 지도하고 육성해나갔다. 그녀는 이 단체를 '조력회'라 이름 짓고 조력회는 그 이름대로 총회에 협조하는 단체가 되어야 하며 결코 경쟁적인 조직이 되어서는 안 된다고 평소에 늘상 강조했다.

이 조직은 한국 남부 지역을 중심으로 시작하여 점차로 전국적으로 확대되었는데, 전주는 1923년, 목포는 1925년, 군산은 1927년, 순천은 1930년에 조직되었다. 제주 조력회의 창단은 주목할 만하다. 1925년 8월에 서평은 그녀의 조수와 함께 제주에 가서 여러 개의 조력회를 조직하고 동시에 부흥회를 인도했다(주일학교 협회도 조직해주었음-저자 주). 1934년 5월 광주에서 열린 연합회 때는 제주도 대표가 파견되어서 제주도에 모두 15개의 조력회가 활동했고 그 회원만도 230명이나 된다고 보고했다. 금년 제주도 노회 때는 9개 지방 조력회 대표가 파견되었다. 27년 전만 해도 제주도라면 역사 가 짧은 한국 장로교회가 전도 지역으로 고려해볼 정도였다.

조력회는 회비를 납부할 능력 유무를 가리지 않고 여자 교인이 면 모두 자동적으로 회원이 되는 이상적인 회칙이었다. 이 조직의 목적은 여자 교인들의 영적 발전을 도모하고 전도 사업과 자선사 업에 관심을 갖게 하며 총회에서 모든 분야, 즉 국내 국외 전도 사 업, 지역 사업, 기독교 관련된 문예, 종교 교육, 한센병자 돕기, 빈민 구제 사업, 젊은층 지도 등등에 기여할 수 있도록 교육시키는 것이 다. 재원은 회원의 등록에 따라 다르긴 하지만 보통 매월 회원당 10 전(약 3센트)의 회비와 추수감사절, 성탄절, 부활절, 조력회 창립 기 념일, 그리고 그 밖의 특별한 날에 회원들 임의로 바치는 헌금이다.

지방 조력회는 한 달에 한 번 집회를 연다. 규모가 큰 조력회는 가까운 이웃을 중심으로 원주회(분회)를 만들고, 원주회는 일주일 에 한 번 기도회를 갖고, 본회에 앞서 한 달에 한 번씩 모여 회비를 거둔다. 원주회장과 조력회 간부들로 집행 위원회를 두고 이들은 본회에 앞서 한 달에 한 번씩 모인다. 월례회 본회 때는 각 원주회 별로 나란히 서서 성경 구절을 암송하며, 각 원주회 회장은 회계에 게 착오 없이 회비를 인계한다. 그 다음에 이 대규모 월례회는 재량

껏 헌신적이고 고무적인 프로그램을 만들어 진행한다.

이들 조력회 회원들은 아직도 배워야 할 점이 많지만 요 몇 년 사이에 유능한 지도자를 상당히 배출했고, 그들의 시계를 한없이 넓혀주었으며 많은 사람들에게 선교 사업에 대한 세계적인 안목을 갖게 했다. 그리고 또 투표하고, 위엄 있고 기품 있게 회의를 진행하는 일들을 빈틈없이 할 수 있도록 가르쳤고, 총회의 활동 상황을 파악하고 총명과 헌신적으로 봉사하며 무엇보다도 전 기독교 교회가 목표하는 바를 이행시키고 주님의 이름을 위한 사업에 협조하게 했다."

복음으로 꽃핀 추자도

제주도에는 1899년 프랑스 천주교 신부 구마슬에 의해 복음이 전해졌다. 이후 순조롭게 복음이 전파되다가 도민 간에 일어난 신축교란('이재수의 난'이라고도 함)으로 교세가 약화되고 말았다. 그러던 차에 기독교 목사 이기풍이 1908년에 초대 선교사로 파송되어 제주도 북부에 성내교회가 세워졌다.

이보다 한 해 전인 1907년 9월 17일, 평양신학교 제1회 졸업생 일곱 명(서경조, 한석진, 송인서, 양전백, 방기창, 길선주, 이기풍)이 평양 장대현 교회에 모인 창설 노회에서 한국인으로서는 최초로 목사 안수를 받았다. 이 창설 노회에서 안수 받은 길선주 목사가 '제주에 선교사를 보내어 전도를 시작할 일'이라는 안건을 제안하였고, 제일 연소 자였던 이기풍(당시 43세) 목사가 최초의 제주도 선교사로 파송된 것이었다(전택부,《토박이 신앙 산맥》).

그리고 6년 후인 1914년에 윤명식 목사가 전라노회로부터 제주도 남부 모슬포로 파송되었고, 1915년에는 포사이트 선교사가 미국 선교사로서는 처음으로 제주도에 들어갔다 나온 적이 있다. 전라노회는 1917년에 전북과 전남 두 노회로 분립되었고, 이후 제주 북부 지방은 전북노회가, 남부 지방은 전남노회가 각각 담당하게 되었다. 이렇게 해서 제주도에는 복음이 순조롭게 전파되었지만, 추자도(제주군 추자면)에는 복음이 들어가지 않아 미개척지로 방치되어 있었다.

　　당시에 광주 밋숀회 선교사들은 여름 한 달 동안 지리산으로 휴가를 떠났는데, 서평은 가지 않고 제주도를 순회 전도하다가 추자도에 들어갔다. 그리고 모슬포를 중심으로 확장주일학교를 설립하고 추자도에도 확장주일학교 선생을 파송했는데 그때가 1922년이다. 이때 선생으로 파송된 사람은 원용옥이다. 그는 원래 추자도 출신으로 모슬포에 가서 살다가 예수를 믿게 된 것이었다. 처음에는 김기남(현 김포교회 김경환 목사 부친)의 집에서 모였다. 그것이 출발점이 되어 신양리(하도)에 교회가 세워지게 되었는데, 원용옥의 삼촌인 원상건을 초대 전도사로 서평이 파송했다. 이후 서평도 자주 왕래하면서 계속해서 원용혁(서평이 설립한 광주 봉선리교회 부담), 김경신(광주 부인조력회) 전도사 등을 파송했고 1925년에는 방계성(현 양주군 주내면 삼숭리 오재길의 장인으로 6.25때 평양 산정현교회에서 순교함) 장로와 강계성(제주 여전도회 연합회 회장, 이일학교 출신, 후에 '형신'으로 개명함) 전도사 등을 파송했다.

이렇게 해서 추자도에 복음의 씨가 떨어지고 전파되었는데, 지금은 상도에도 교회가 세워져 추자도에 교회가 두 개 있다. 복음이 들어가기는 제주도보다 늦었지만 도민 전체 인구의 50~60퍼센트가 기독교인이고, 전체 인구 8천 명(1980년 당시) 남짓한 섬에서 목사가 김경환 외 2명, 장로가 이영문(현 서울 기장 초동교회)외 3명, 전도사가 서너 명 배출되었다. 이 섬에서는 불신자라도 기독교에 대해서는 대단한 호감을 갖고 있다. 또 부모는 불신자이면서도 아이들은 기어코 교회에 보낸다. 그리고 크리스마스 때는 불신자 가정에서도 새벽송을 청하여 듣고 찬양대원들을 극진히 대접한다. 새벽송에 바친 헌금만 해도 한 교회에서 70만 원(1979년 당시)에 달했다고 한다.

가장 미개하고 낙후됐던 섬인데, 사람들이 문화에 대해 개방적이고 깨어 있어서 지금은 교육 수준이 어느 섬보다도 높다. 상수도와 자가 발전 시설도 어느 섬보다도 먼저 갖췄고, 유능한 지도층 인사들이 많이 배출된 것에 대해 자부심이 높다. 섬사람들은 이 모든 것이 다 기독교 덕택이라고 알고 있다.

섬은 육지보다 복음을 전하고 받아들이는 게 힘들다. 그런데 추자도가 예외였던 까닭은, 서평이 예수님의 사랑을 삶으로 보여주고 실천했기 때문일 것이다. 한국 목사도, 서양 선교사도, 아무도 발을 들여놓지 않았던 그 낙도에 서평은 복음의 씨앗을 뿌렸다.

교회 봉사는 서평처럼

서서평은 미국 선교사이면서도 금정교회에 출석하였다. 멀리 출장을 가거나 병중일 때 외에는 교회의 정기 집회에 빠진 적이 없었다. 어떤 사정으로 참석하지 못하게 되면 주일 헌금을 다른 사람 편에 꼭 보냈고, 헌신 예배일 경우에는 회원 호명 시 대답으로 외울 성경 구절을(당시 헌신 예배 때에는 회원을 호명했다. 그러면 참석한 회원이 대답하는 대신 성경 구절을 암송했다) 제자인 학생에게 가르쳐서 대신 암송하도록 했다.

자신이 교회에 열심히 출석했을 뿐만 아니라 이일학교 학생들, 그녀의 전도나 도움에 감동받아 믿게 된 사람들은 모두 금정교회에 나오도록 했다. 이에 대해서는 《광주제일교회 70년사》에 다음과 같은 내용이 기록되어 있다.

"1924년에 양림교회가 분립되어 나갈 때, 수피아여학교와 숭일학교 학생들까지 전부 양림교회로 나가고, 양림동 교인들 역시 모두 그리로 나갈 때, 선교사 서서평 부인과 그가 경영하는 이일학교 학생들만은 남아서 계속 금정교회를 위해 봉사했으며, 또 양림 외의 지역에 거주하는 교인들은 그대로 남아서 새로 부임한 최흥종 목사를 중심하여 교회 재건에 힘썼던 것이다…."

서서평 선교사는 미국 선교회 소속이므로 제직을 맡을 수는 없었지만 여자 전도부장, 여자 장년부장 등 교회 여러 기관의 책임자가 되었다. 또 1931년에 교회 건물을 건축할 때는 기념식에서 교인을 대표하여 성경 낭독을 하는 등 여러 가지 어려운 일에도 마다않고 봉사하였다. 또 자기 월급의 절반을 반드시 교회에 헌금하여 교회의 빈약한 재정에 많은 도움을 주었다.

이러한 그녀의 헌신에 대해서 같은 책에는 이렇게 기록되어 있다.

"금정교회를 위해서 수고한 분으로 잊을 수 없는 이는 미국 남장로회 선교사 서서평 부인이다. 그중에서도 그녀의 금정교회에 대한 봉사는 그야말로 헌신적이었다고 할 수 있다. …서서평 부인은 외국인이었음에도 불구하고 금정교회를 위하여 큰일을 두 가지 하였는데, 하나는 재정적인 도움이요, 둘째는 봉사의 모범을 보인 점이다. 서 부인이 지금 여전도회의 전신인 조력회를 만들어 성경 공부와 신앙 간증과 봉사에 힘썼음은 물론 금정교회뿐만 아니라 한국 교회의 발전을 위해서도 큰 공헌을 하였다고 본다. 그래서 1932년 6월에 서서평 부인 선교 20주년을 기념하여 식을 거행하였으며, 그녀가 1934년에 서거하자 광주에서 처음으로 사회장을 거행했다는 사실만 가지고도 그녀의 헌신적인 봉사를 짐작케 하여준다. 금정교회에서는 그 뒤 묘비를 건립하였으니, 지금도 양림동 선교사촌 뒷동산에는 서서평 부인의 무덤이 남아 있다."

첫 번째 발췌문에서 언급된 '양림 외의 지역에 거주하는 교인들'은 서서평의 구제를 받고 믿게 된 사람들을 말한다. 그들은 대개 의복이 남루하고 불쾌한 냄새를 풍기는 이들이었다. 어떤 몰지각한 교인은 그런 그들을 못마땅하게 여기기도 했다. 따가운 눈총을 알아차린 이들이 교회에 나오기를 꺼리게 되는 경우도 있었다. 서평 선교사는 이 문제를 해결하려고 했다. 그들에 대한 동정심 때문이라기보다 서평 자신이 어린 시절에 겪었던 뼈아픈 체험 때문이었다. 서평은 소녀 시절에 의복이 남루하다는 이유로 학교 학생들에게 따돌림을 당했었다. 그런 그녀로서는 이런 일을 결코 예사로이 넘길 수가 없었다. 개인적인 경험도 있거니와 예수님도 "지극히 작은 자 하나에게 한 것이 곧 내게 한 것이니라"(마 25:40)고 말씀하시지 않았는가. 그러니 가난한 사람을 괄시하는 것은 예수님을 괄시하는 것이 된다.

예수님은 부자보다 가난한 자를, 건강한 자보다 병자를, 그리고 한센병자까지 사랑하셨다. 그런데 예수를 믿는다는 교인들이 의복이 남루한 사람들을 향해 이맛살을 찌푸린다는 것은 말도 안 되는 일이었다. 서평은 가난한 사람들이 신앙적으로 낙심하지 않고 교회에 나오는 것도 꺼리지 않게 하기 위한 구제책을 고심했다. 그래서 하천 철거민들에게 전도도 할 겸, 갱생 부락에 복음당이라는 예배 처소를 세우고 강순명 전도사를 보내 예배를 인도하게 했다. 그랬더니 가난하여 행색이 초라한 신자들은 물론이고 그렇지 않은 교인들까지도 복음당으로 몰려오는 것이었다.

한동안 그렇게 복음당에서 예배를 드렸는데, 시간이 지날수록 교회를 하나 개척했다는 기쁨보다 기존 교회를 분열시켰다는 생각이 깊어졌다. 서평은 지난번 양림교회 분립 사건으로 본 교회가 약해져서 모두들 힘들었던 일이 떠오르기도 했고, 교회의 화평을 위해서도 그래야겠다는 생각이 들어 갱생 부락의 복음당을 본 교회와 합쳤다. 그러자 한때 불안했던 분위기가 사라지고 갈등이 원만하게 수습되었다. 대신 그들에게 평소에는 남루한 옷도 괜찮지만 교회 예배에 올 때만은 반드시 빨아 입고 왔으면 좋겠다고 권유했고, 그것이 어려운 사람에게는 자기 옷을 벗어주기도 했다.

그런데 그 방침을 가르치는 학생들에게까지 적용시켰고, 이일학교 학생들로서는 그녀를 미워할 이유가 한 가지 더 늘어나게 되었다. 왜냐하면 학생들이 지나치게 깨끗하고 깔끔한 차림새를 하고 다니면 그런 옷은 교회에 갈 때나 입으라고 말했던 것이다. 그로 인해 학생들은 옷 입는 것까지 간섭하며 성화를 부린다는 불평을 하게 되었다.

하여튼 그토록 세심한 데까지 관심을 가지며 열성으로 교회에 헌신 봉사했기 때문에, 서평 내한 20주년(1932년) 기념비를 이일학교 동창회와 숭일학교, 전남조력회에서 건립할 때 금정교회도 기금 15원을 부담했다. 또 그녀가 별세했을 때 교회장으로 하려고 했으나, 광주 유지들이 사회장을 강력하게 주장하는 바람에 빼앗기다시피 장례권을 양보했었다. 하지만 묘비만은 금정교회 단독으로 건립했다.

　당시의 금정교회 교인들은, 서평 선교사에 대해 '철저한 신앙인이요 언행이 일치한 자로 한국 여성으로서는 길이길이 잊을 수 없는 분' '성녀' '사랑의 사도' '예수의 첫째 계명 실천자'였다고 기억한다. 이종필 장로는 "나는 섬김을 받으러 온 것이 아니라 섬기러 왔다는 예수님 말씀을 철저히 지킨 분이었다"고 회고하고, 윤병진 장로는 "거짓 선교사가 어디 있으리오만 그분이야말로 참 선교사였다"고 말한다. 서 선교사 생전 당시에 집사였던 한연옥 권사는, 중년에 뇌 손상을 입어 예전 교역자나 교인들 이름은 말할 것도 없고 손자들 이름까지도 잊었다 한다. 그런데 '서평 부인'이라는 이름과 그녀야말로 세계 최고의 여자였으며 우리나라 여성들을 위해서 많은 일을 했다는 사실은 잊지 않았다. 그래서 서평이라는 말만 들어도 감격하여 눈물을 글썽거리곤 했다.

참 어머니요 참 형제

외국 선교사들은 안식년이라 하여, 7년마다 한 번씩 본국에 돌아가 1년 동안 쉬고 오곤 했다. 그렇지만 서서평 선교사는 한국에서 산 23년 동안 단 한 번밖에 귀국하지 않았다. 왜 그토록 안식하기를 꺼렸던 것일까. 시간은 금이라는 격언도 있지만, 금이나 보석 정도가 아니라 그보다 훨씬 더 귀한 것을 낭비할 수 없다는 생각 때문이었다. 그녀 입장에서는, 안식하는 1년 동안 할 일이 너무나 많았던 것이다.

안식하지 않는 것은 그렇다 해도, 어머니나 친척들이 보고 싶지 않느냐고 물으면 그녀는 "예수께서 말씀하시기를…내 이름을 위하여 집이나 형제나 자매나 부모나 자식이나 전토를 버린 자마다 여러 배를 받고 또 영생을 상속하리라"(마 19:29)는 말씀이나 "누구든지 하늘에 계신 내 아버지의 뜻대로 하는 자가 곧 내 형제요 자매요 어머니이니라"(마 12:50)는 말씀으로 대답을 대신했다.

성경 말씀대로 실천하는 것이 지혜로운 일(눅 7:48)이라면서, 미국에 가야만 어머니나 형제를 만나는 것이 아니라 한국에서도 얼마든지 만날 수 있다는 것이었다. 서 선교사는 결혼도 하지 않았다. 그러면서 늘 자기는 한국과 결혼했으니 오직 한국만을 '님'으로 섬길 뿐이라고 했다.

결혼은 하지 않았지만 '요셉'이라는 양아들을 두었고, 큰딸 '곽애례'부터 막내딸 '이홍효'까지 열세 명이나 되는 딸을 입양하여 키웠다. 여성들은 천부적으로 모성애를 가지고 있다. 모성애는 무엇보다도 강렬한 본능이다. 서평도 여성이었기에 당연히 모성애가 있었다. 미혼이어서 섬길 남편이 없으니, 남편 섬길 정성까지 온통 딸들과 아들에게 쏟아부었다. 아이를 낳은 적은 없지만 모성애는 유감없이 발휘할 수 있었던 것이다.

그녀는 한국의 일가친척들(빈민과 환자들)을 위해 해야 할 일이 많기 때문에 미국 여행이나 안식 같은 사치를 부릴 만한 시간과 돈이 없다고 했다. 1929년에 단 한 번, 미국 나들이를 한 적이 있는데 그것은 안식년을 보내기 위해 간 것이 아니라 캐나다에서 열린 국제간호협회에 참석하기 위해서였다. 서평은 한국간호협회를 국제간호협회 회원으로 가입시키기 위해 다른 대표 두 사람과 같이 출장을 간 것이었다. 그때 미국에 들려 1년간 공부했는데 한 번 어머니를 찾아봤다고 한다. 실로 18년 만의 모녀 상봉이었다.

그러나 서평의 초라한 모습에 놀라고 기가 막힌 어머니는, 집안

망신이요 보기도 싫으니 어서 나가라고 소리치셨다. 그야말로 문전박대를 당한 것이다. 서평은 나라를 빼앗기고 일제 치하에서 신음하는 한국 민족을 위해 일하느라 그렇게 된 것이었는데, 어머니는 그런 딸을 이해할 수 없었다. 어머니를 비롯하여 다른 친척들 모두 자신을 이해 못 해줘도 서평은 상관없었다. 하나님의 뜻대로 사는 한국 백성이 자기 어머니요 형제자매이며 아들과 딸이라는 것이 그의 변함없는 신념이었다.

아버지이신 하나님께서는 모든 인류를 차별 없이 사랑하신다. 때문에 예수께서 십자가를 몸소 지셨던 것이다. 적십자 역시 그런 정신에서 만들어진 것이다. 십자가 정신을 가슴에 품고 봉사하는 것이 간호사다. 서평 선교사가 바로 십자가의 박애 정신이 투철한 간호사였다.

주일학교를 방방곡곡에

《한국 기독 교회사》 호남편에 보면 다음과 같은 기록이 있다.

"1920년대 초, 호남 지역의 주일학교 운동을 보면 전남 지방이 전북 지방보다 우세했다. 전남노회에서는 교역자 봉급의 100분의 3을 노회 주일학교 운동에 헌금하여 전문 위원까지 두었고, 광주 지방의 유년주일학교는 전국적으로 유명할 만큼 잘 운영되고 있었다. …한편 전남노회에서는 1927년에 황상호 장로(금정교회, 후에 목사로 임직됨)를 유년주일학교 총무로 임명하여 주일학교 운동을 전담하게 하였고, 서로득 장로의 재정적인 뒷받침을 받아 주일학교 통신 교재를 발행하기까지 했으니 그 발전상이 눈부실 정도였다(255-256쪽).

이렇듯 여러 방면의 노력에 힘입어 1931년에는 호남 지역에 있는 대부분의 교회가 주일학교를 운영하게 되었고, 교인들의 아이들은 거의 모두 주일학교 학생이 될 수 있었다. 그런데 이 시기의 주일학교는 전 시기에 비해 유년부 학생들의 숫자가 많이 늘어났다. 1930년도 통계를 보면 이전에는 전체 주일학교 학생의 30퍼센트밖에 안 되었던 유년부 학생들 숫자가 장년부 교인들 숫자와 비슷한 정도에까지 이르렀다.

이것은 아동 교육에 대한 인식도가 전보다 높아졌음을 말해주는 것이다. 당시 주일학교 운동에 있어서 새로운 점은 확장주일학교의 출현이었다. 이것은 주일학교가 활발하게 운영되고 있는 교회들, 주로 도시 교회들의 주일학교 교사들이 교회가 없는 마을에 찾아가 사람들(주로 어린아이들)을 모아놓고 가르치는 일종의 선교 운동이었다. 전국적으로 전남노회는 이 확장주일학교가 가장 활발하게 이루어지는 노회 중 하나였다."

이 기록에 대하여 설명을 덧붙이자면 다음과 같다. 서서평 선교사가 광주 주변 8킬로미터 안팎에 있는 마을들에 주일학교를 설립했는데 이것을 확장주일학교라고 했다. 이때의 주일학교는 구별된 건물이 있는 것이 아니라, 어떤 집의 방이나 마당 또는 마을 사랑방이나 서당, 정자 같은 곳에서 하는 것이었다.

서 선교사는 처음에는 이일학교 학생들과 어비신 선교사가 교장인 농업실습학교(현 호남신학교) 학생들만으로 이 확장주일학교를 운영했다. 그러나 점차 확장되면서 숭일학교, 수피아여학교의 학생들과 선생들까지 동원하여 미리 공부를 시킨 후에 각 마을로 보냈다. 아이들을 모이게 하는 데는 농업실습학교 학생들이 부는 나팔 소리가 최고였다. 공부를 마치고 돌아갈 때는 예쁜 그림엽서를 한 장씩 나눠주면서 다음 주일에는 다른 친구들도 많이 데리고 오라고 했다. 그리고 새로운 친구를 데리고 온 학생에게는 상도 주었다. 그렇게 하다 보니, 어느 때부터는 주일날 이른 아침부터 아이들이 마을 어귀에까지 몰려나와서 선생님을 기다리게 되었다.

이 운동이 전국적으로 확산된 것은 물론, 미국 교회에까지 알려지게 되어 미국의 한 자선가가 요즘의 군용 트럭 비슷한 커다란 포장 자동차를 한 대 보내주었다. 덕분에 선생님들을 이 차에 싣고 주일학교를 세울 만한 동네들을 돌아다닐 수 있었다. 마을에 도착하면 두 사람씩 내려놓고 다음 마을로 이동했다. 자동차 운전은 한 치과 의사가 맡아주었고 선생님들 동원과 배치는 서평이 했는데, 때문에 서평은 주일 아침마다 학생들 기숙사나 여러 집들을 헐레벌떡 뛰어다니며 빨리 나오라고 고함치면서 야단법석을 떨어야 했다. 그녀의 고함 소리가 들리면 곧바로 뛰어나와야지, 단장이라도 하느라 미적미적 하다가는 날벼락이 떨어졌다.

"뭘 그렇게 굼벵이처럼 꾸무럭거리는 것이냐!"

확장주일학교를 마치고 돌아온 교사들은 주일 낮 예배를 오후 3시에 드린 후 곧바로 상황 보고를 해야 했다.

그 당시 주일학교협회 상무이사이던 정인세(현 귀일원장)는 "광주 주변의 주일학교 선생들을 1년에 두 차례씩 초청하여 간담회를 가졌다. 그때 주일학교 수가 45-47개였는데 기존 교회들(금정, 양림, 중앙, 구강정, 진다리, 소태리, 중흥리)의 주일학교가 포함된 것이었으니 확장주일학교는 한 40개쯤 되었을 것이다"라고 말했다.

확장주일학교는 광주 주변에만 있었던 것이 아니다. 1922년에 한국 주일학교연합회가 창립되었고, 제주도에서도 이를 장려했던 사실이 제주 서부교회 제직회록에 기록되어 있다.

"1925년 7월 20일 오후 9시, 본 제직회를 원동 목사 사택에서 회집하여 주일학교협회 조직을 발기하기로 결의하다. 협회 조직은 수요일 밤 예배 후 원인을 설명하고 회원을 모집하여서 완전히 조직하기로 하다."

확장주일학교 운동은 유년주일학교에만 영향을 미친 것이 아니라 교회 설립의 기초가 되기도 했는데, 저자의 모교회인 신안교회가 한 예다.

4부

나는 조선의 돕는 자입니다

돕는 자에게 필요한 세 가지

자신을 위해 인색하기

선교사들은 여름철에 지리산으로 피서를 가서 한 달 동안 휴양하곤 했다. 그러나 서평 선교사는 휴가라고는 간 적이 없었다. 여름 동안에도 전도 여행을 했는데 선교사들의 발길이 닿지 않았던 제주도나 추자도로 갔다. 여름 한 달뿐 아니라 1년 내내 쉬는 시간은 전혀 없었다.

　하나님 일을 하기 위해서는 육체도 살아 있어야 하고 영혼도 살아 있어야 한다. 서평은 육체의 건강을 지키기 위해서 최소한의 식사를 하고 잠을 잤으며, 영혼의 건강을 위해서는 성경 읽기와 기도에 힘썼다. 이외의 다른 일이나 개인적인 유익을 위해 시간을 낭비하는 경우는 절대 없었다. 편안함과 쾌락을 누리지 않았음은 말할 것도 없고, 오락 취미에 속하는 소풍, 등산, 낚시, 영화 감상 등은 할 시간이 없었다. 카드놀이, 화투, 윷놀이 등도 안했다.

조금이라도 여분의 시간이 생기면 하나님 일을 했고, 짧은 시간도 최대한 늘여 쓰기 위해 노력했다. 그 한 가지 예가 수면 시간을 줄인 것이다. 그리고 어디를 가나 뛰어다녔기 때문에 언제나 숨이 가빴다. 누군가 필요 없는 장광설이라도 늘어놓으면, 시간 낭비라 하면서 참지 못하는 성격이었다.

타인을 위해 낭비하기

술값만큼은 어김없이 먼저 치르는 술꾼들이 있다. 그들은 술값의 팁을 아끼지 않으며, 기분만 좋으면 술값을 배 이상 주기도 한다. 시키지 않았는데도 구두닦이 아이가 구두를 닦아놓으면 보통 요금보다 몇 배를 준다. 요리집 문을 나서다 길가에서 손 벌리고 굽실거리는 사람을 보면 주머니에 손을 넣어 집히는 대로 꺼내준다. 그러다가 빈털터리가 되어 길가에 쓰러지기도 하고 진창에 빠지기도 한다. 그리고 신발이 벗겨진 지도 모른 채 흙투성이가 되어 귀가한다. 잠을 자고 아침에 눈을 뜨면 손 내미는 아내와 아이들이 있다. 쌀값, 부식비, 학용품 값을 주어야 하는데 주머니는 텅텅 비어 있다. 이렇게 살아가는 술주정꾼들이 있다.

차원이 다르지만 서평의 삶도 이와 비슷한 면이 있었다. 월급을 받으면 먼저 절반을 교회에 바쳤고, 학교 경영비와 학생들 장학금에 보탰으며, 눈앞에 보이는 굶주린 사람들에게 나누어주었다. 이렇게 하다 보면 어느새 빈털터리가 되고 말았다. 이런 점에서 서평은 낭비벽이 심했다고 할 수 있겠다.

그러다가 급하게 돈이 필요한 일이라도 생기면 빚을 얻느라 쩔쩔맸다. 자기를 위해 쓰는 돈이 전혀 없었으므로 늘 옷차림이 허술했고 구두 한 켤레조차 없었다. 서평의 내한 20주년 기념행사 때 사진 촬영을 하기 전에 구두를 신기기 위해 동료들과 교인들이 이리저리 찾으러 다녔으나, 그녀에게 있는 것은 다 낡아 헤어진 남자 고무신뿐이었다. 구두는 없어진 지 이미 오래 전이었다. 그래서 동료 선교사들 중에는 생활에 규모가 없다느니, 선교사들 망신시킨다느니 하면서 서평을 비난하는 이들이 있었다. 어떤 선교사는 위선자라고까지 했다. 그러나 그녀는 그런 비난에 전혀 아랑곳하지 않았다.

서평은 내일 일은 내일 염려하고 오늘 해야 할 일은 오늘 해야 된다고 가르치신 예수님 말씀을 더 귀히 여겼다. 내일 나 먹기 위해 오늘 굶는 사람을 본 척 만 척할 수 없으며, 옷장에 옷을 넣어두고 추위에 오들오들 떨고 있는 사람을 버려둘 수는 없다고 했다. 집이야 비만 새지 않으면 된다는 것이 서평의 소신이었다. 그런 생활을 했으니, 그녀가 운명했을 때 남은 소유물이라고는 낡은 담요 반 장과 지갑 안의 27전, 부엌의 강냉이가루 2홉이 전부였다. 통장 잔고 역시 0원이었다.

서평이 남긴 것을 본 동료 선교사들은 "설마 이 정도일 줄이야…" 했고, 한국 사람들은 "그분이야말로 진정한 선교사였다"라고 했다. 어떤 사람은 "쓸 만한 재목에는 좋은 꽃이 없고, 좋은 꽃이 있는 나무에는 좋은 열매가 없는 법이라”는 말을 했다고 한다.

복음 전도를 위해 부지런하기

서평의 성급한 성격은 단점이면서 동시에 장점이었다. 매사에 능동적이어서, 병에 대해서도 걸리고 난 후에 치료에 급급할 것이 아니라 미리 예방해야 한다고 강조했다. 사실 그것이 효과적이고 능률적이다. 그녀는 위생 관념과 전염병에 대한 강연도 많이 하러 다니고 각종 위생 관련 서적도 많이 배포했다. 그리고 자신이 설립한 이 일학교는 초등학교 과정과 신학을 가르치는 학교였음에도 불구하고, 의학 분야에 속한 내용들도 교과 과목으로 편성하여 가르쳤다.

구체적인 과목들을 보면 ‘건강/가정 위생, 아이와 어머니 영양/교육론, 상처 치유법, 세균 전염병 예방’ 등이었다. 학생들에게 가르치는 데서 그친 것이 아니라 학생들로 하여금 다른 사람들에게도 가르치도록 권장하였고, 책들도 자기 돈으로 구입하여 나눠주도록 했으며 ‘병원 간호도 중요하지만 방문 간호와 위생 간호는 더 중요하다’는 것을 깨우쳐주었다. 또 ‘공중위생 사업은 행정과 협의해야 한다’는 것을 강조했다.

비단 의학이나 간호학에 대해서만 이렇게 적극적이었던 것은 아니다. 서평은 모든 사업에서 다 그러했다. 간호협회와 부인전도회 전국연합회를 조직하고 학교를 설립한 것도, 누구의 요청에 의해서가 아니라 한국 여성의 지위 향상을 돕고자 자진해서 시작한 것이었다. 학생(불우한 여성들)들을 모집할 때도 멀리는 평양까지, 또 당시 교통이 매우 불편했던 고흥까지 말을 타고 가서 했으며, 확장주일학교 역시 학생이 오기만 기다린 것이 아니라 마을 마을을 찾아다녔다. 창녀나 윤락 여성을 구출하고 금주 운동을 벌였을 때도 윤락가와 유흥가와 시장을 구석구석 돌아다녔다. 그 많은 구제 사업이나 장학 사업을 다 그렇게 진행하였다.

서평은 '가난한 사람을 괄시하거나 약한 자를 학대해서는 안 된다'에 그친 것이 아니라 보잘것없는 사람들의 친구가 되어주었고, 항상 가난한 자를 돕고 약한 자를 우대했다. 얻으러 올 때에만 나눠주는 것이 아니라 싣고 찾아가서 나눠주었다. 무슨 일이든 앞장서서 했지 뒤따라 끌려간 적이 없었고, 새로운 일은 하지 않는 것이 아니라 자신이 먼저 시도했다. 아담이 죄를 지었을 때 하나님이 먼저 찾으셨고(창 3:9), 독생자 예수를 보내신 것도 인간이 요구해서가 아니라 하나님이 먼저 하신 일 아닌가(요 3:16). 서서평 선교사는 무슨 일을 하든 방어형이 아니라 공격형이었고 항상 앞서갔다. 세브란스의 천사라 일컬어지는 E. L. 쉘스는 "서평은 먼 장래의 필요한 것까지 계획했다"고 말했다.

구제의 사도

서서평은 기아와 병에 시달리는 불쌍한 사람을 보면, 돕지 않고는 못 배기는 성격이었다. 뼈에 사무칠 만큼 쓰라린 어린 시절의 경험 때문이기도 했지만, 영원한 생명과 복을 얻는 데 구제 사역이 중요하다는(마 25:31-46, 왕상 17:13-15) 신앙이 아예 신념으로 굳어져버렸던 것이다. 구호 대상자를 파악하는 일은 금정교회 조력회에서 했는데 주로 박강산이라는 여집사님이 책임자였다. 조사 보고에 따라 서평이 자동차로 구호품을 실어다주면, 박 집사가 의복이 없는 자에게는 의복을, 먹을 것이 없는 자에게는 식량을, 즉 각 사람의 처지와 형편에 따라 나누어주었다. 한번은 어린아이 주먹만한 감귤(요즘이야 흔하지만 그때는 매우 귀한 것이었다)이 구호품에 있었다. 박 집사는 외동딸(현 보성교회 최월남 권사)에게 두어 개 갖다 주고 싶은 마음이 간절했지만, 몇 번 망설이기만 하다가 결국 못 가져갔다. 서평

자신도 먹지 않고 환자를 위해 갖고 온 것이라는 생각이 머리에 떠오르자, 가슴이 방망이질했기 때문이다.

이런 일도 있었다. 어떤 신사가 광주 학동 강변을 지나가는데 한 움막 속에서 애절한 울음소리가 흘러나오는 것이었다. 그 소리가 너무도 애절하기에 신사는 발길을 멈추고 귀를 기울이다가 거적때기를 들치고 들여다보았다. 어두컴컴한 움막 안에는 머리가 파뿌리처럼 하얀 노파가 혼자 앉아서, 주먹으로 바닥을 치고 허리를 꾸벅거리면서 오열하고 있었다. 이유를 물었더니 노파는 "서평 부인이 세상을 떴다지 뭐요! 내가 죽고 그분이 살았어야 하는데…" 하면서 울부짖더란다. 신사가 "그렇게 운다 해서 돌아가신 분이 살아납니까?" 묻자 퉁퉁 부은 눈과 콧물을 손등으로 문지르면서 "눈물이라도 쏟아 은혜를 갚지 뭘로 갚겠어요?" 대답했다고 한다. 또 이일학교 교사이던 이복림(현재 순천제일교회 여전도사)은 애타게 자료를 수집하는 저자에게 편지를 보내왔는데 그 편지에 다음과 같은 일화가 있었다.

"한번은 서평 교장이 나더러 같이 외출하자는 것이었습니다. 나는 젊은 몸인지라 구두를 신고 날씬한 몸차림을 하고 파라솔을 들고 '좋은 곳으로 가겠지' 하며 모셨습니다. 그런데 교장선생님은 부동교 밑의 자갈밭을 걸으시다가 어느 거적때기 움막 속으로 들어가는 것이었습니다. 그곳에는 백발노인이 있었습니다. 서 교장은 서슴지 않고 '안 죽고 살았소?' 하시면서, 이불을 가져왔으니 덮고 자라고 말했습니다. 뒤돌아보니 학교 사환이 이불과 옷가지를 싸가지고 오고 있었습니다. 저는 참 부끄러웠습니다. '같은 피를 가진 나도 이렇게 동족의 고난을 모르고 있었는데 어떻게 서 교장님은 이런 곳을 아셨을까?' 하면서 내심 몹시 괴롭게 생각한 적이 있었습니다. 또 그분은 매우 근면하셨습니다. 고학생을 돕기 위한 누에 기르기에 앞장서셨고 뽕잎을 손수 따셨으며 밤에도 몇 차례씩 나와 친히 누에 밥을 주곤 하셨습니다. 한번은 밤중에 혼자 잠실에 나와 높은 선반에서 채반을 내리시다가 의자에서 떨어지고 말았습니다. 그때 옮겨 모셔다가 침상에 누우시게 했는데 그때 노 의사가 병을 맡아 보셨습니다."

앞의 일화에서 땅을 치며 통곡했던 노파가 이 편지에 등장하는 할머니인지 아닌지는 모르겠지만, 광주 천변을 돌아다니며 빈민들을 보살피는 서평의 모습은 광주 시민이면 누구나 흔히 목격할 수 있었다. 한때 광주 제중병원 간호사면서 서평의 간호를 전담했던 마가렛 프리챠트(Magaret Prichart)가 미국에서 저자에게 보내온 편지에도 다음과 같은 얘기가 있다.

"서평은 자신의 생필품을 모두 가져다가 가난한 한국 사람들에게 주어버렸습니다. …나는 그녀가 마지막 병상에서 일어나지 못하고 앓아누웠을 때 운명할 때까지 그녀를 간호하는 영광을 누렸습니다. 내가 그녀를 돌볼 때 보니, 월급을 받은 지 얼마 되지도 않았는데 이미 다른 사람들에게 다 주어버려서 한 푼도 없었습니다. 심지어 덮고 자는 이불까지 주어버리는 것이었습니다."

서평의 구제 정신은 한국 사람에게만 감동을 준 것이 아니었다.

이 편지를 보면 미국 사람들도 감동했다는 사실을 알 수 있다.

당시 한국에는 한센병자들도 많았다. '무등산 호랑이'라는 별칭까지 얻었던 광주의 깡패 최흥종이, 포사이트 선교사가 한센병자들에게 친절 베푸는 것을 보고 감화되어 예수를 믿게 되었다는 얘기도 있다. 서평도 한센병자들에 대한 사랑이 깊었다. 어느 추운 겨울날, 한센병자 두 사람이 길가에서 떨고 있는 것을 본 서평은 그들을 집으로 데리고 가서 한 장밖에 없는 담요를 둘로 갈라 각각 한 조각씩 덮어주고 돌봐주었다. 서 선교사는 포사이트 선교사와 함께 한센병자 근절협회를 조직하여 이들을 수용하고 치료하기도 했다. 그러나 그들의 힘만으로는 벅찬 일이었다. 그래서 최흥종과 같이 야지마(실도) 전남 도지사를 수차례 방문하여 원조를 호소했었다. 그러나 도지사는 얘기를 듣지도 않았고, 그들이 찾아갈 때마다 귀찮게 여기며 자리를 피하는 것이었다.

우가끼(우원) 총독에게도 몇 차례 진정서를 올렸으나 총독한테서도 아무런 답변이 없었다. 결국 한센병자 근절협회 회장이던 최흥종이 광주의 한센병자들을 모두 모아 서울까지 행진하기로 했다. 다 빠지고 없는 눈썹, 깊숙이 눌러쓴 낡은 벙거지 모자, 옆구리 한편에 매단 깡통, 지팡이에 의지한 썩어가는 몸…이런 행색의 한센병자 백 오십여 명을 이끌고 길을 떠나기로 한 것이다. 그런데 올라가는 길에 다른 지방의 한센병자들까지 합류하여 조선총독부에 도착했을 때는 사백 명이 넘었다. 총독부는 발칵 뒤집혔다. 기겁을 한 우가끼 총독은, 최흥종의 요청대로 이미 있던 소록도의 한센병자

수용 시설을 대폭 확장하기로 하였고 전국에 흩어져 있는 한센병자들을 수용하게 되었다.

서평은 다른 사람들에게도 구제를 권하는 데 주저하지 않았다. 1929년 5월에 한국간호협회 제7회 총회가 세브란스병원에서 열렸을 때, 서평 회장이 '예수를 쳐다보는 두 사람'이라는 제목으로 설교하고 회원들과 함께 성경 말씀을 읽었는데, 그것은 다음 세 구절이었다.

"혹 위로하는 자면 위로하는 일로, 구제하는 자는 성실함으로, 다스리는 자는 부지런함으로, 긍휼을 베푸는 자는 즐거움으로 할 것이니라"(롬 12:8).

"어떤 관리가 물어 이르되 선한 선생님이여 내가 무엇을 하여야 영생을 얻으리이까…네게 아직도 한 가지 부족한 것이 있으니 네게 있는 것을 다 팔아 가난한 자들에게 나눠주라 그리하면 하늘에서 네게 보화가 있으리라…"(눅 18:18-22).

"병든 자를 고치며 죽은 자를 살리며 나병환자를 깨끗하게 하며 귀신을 쫓아내되 너희가 거저 받았으니 거저 주라"(마 10:8).

세 말씀이 다 구제에 관한 말씀인 것을 보면, 서평이 얼마나 구제에 관심이 많았는지, 그리고 다른 사람들에게 얼마나 적극적으로 구제를 권면했는지 알 수 있다. 이렇게 서평은 뛰어난 구제 사업가였고, 그녀가 섬기는 금정교회는 재정이 매우 어려운 형편에서도 구제에 힘썼다. 1930년도 경상비 예산 335원 중 구제비가 50원이었는데 이것은 전체 예산의 15퍼센트이다. 당시 사백 명 남짓이었던 교회로서는 보기 드문 큰 액수였다. 이것은 늘 구제에 앞장섰던 이 교회 교인 서평의 영향이었다. 부인조력회에서 바치는 성미가 매월 세 가마가 넘어 성미 사역으로 유명한 교회가 되었던 것도, 성미 제도를 창안한 서평이 남긴 전통이라 할 수 있다.

이런 식으로 서평이 한센병자, 일반 환자, 가난한 자들을 구제했던 것에 대해서 스와인할트는 "서평은 1912년에 한국에 도착하여 1934년 6월 병고로 쓰러진 마지막 순간까지 한 번도 흔들림 없이 시간과 힘과 마음과 소유물 전체를 한국인들을 위해, 오직 그리스도만을 위해 바치는 길을 걸었다"라고 썼다.《광주제일교회 70년 사》에는 이렇게 기록되어 있다.

"그녀는 헐벗고 굶주린 이웃을 위해서 자기가 가진 모든 것과 정성을 바친 사랑의 사도였다. 옷이 없는 사람에게는 자기 옷을 나누어 입혔기 때문에 두 벌 옷을 가지지 않았고, 굶주린 사람에게는 자기 먹을 것을 나누어 먹였기 때문에 항상 가난했고…길에서 걸인을 만나면 집에 데리고 와 목욕시키고 옷을 갈아입혀 배불리 먹이고 재우며 그의 처지대로 공부도 시키고 자활할 수 있도록 보살펴 주었다. 예수의 첫 계명 '네 이웃을 네 몸과 같이 사랑하라'를 명실공히 실천했다. 그녀에게 많은 양녀들과 양자가 있는 것은 그녀의 도움을 받은 사람들이 그만큼 헤아릴 수 없이 많았음을 뜻한다. 그리고 이일학교 교장으로서 대부분의 학생들에게 장학금과 기숙사 비까지 주어 전도의 역군들을 길러냈다. …서서평 부인이야말로 성경 말씀대로 살다가 간 분임을 알 수 있다."

서평은 1927년에 캐나다에서 열린 국제간호협회에 한국 대표로 참석했다. 그때 캐나다에서 서평이 보내온 보고 편지에는 "나는 가정과 원유학교(園遊學校)와 소아 건강 증진회 등을 방문하기에 많은 재미를 봅니다. 나는 이곳에서 예기치 않은 빈동(貧洞)의 가정 상태를 보았는데 그것은 마치 우리 한국 빈민굴 상태와 똑같았습니다. 하여간 이러한 가정은 꼭 구조해줄 필요가 있습니다"라고 쓰여 있다. 다른 나라에 가서까지도 구제 문제에 신경 쓰고 있는 것을 보면, 서평이야말로 하나님이 이 땅에 파송하신 구제의 사도였던 것 같다.

　이토록 구제가 체질화된 서평은, 헐벗고 굶주린 사람들이 늘 눈에 어른거려 마음이 아팠고, 자신의 남루한 모습은 볼 새도 없었고 생각할 틈도 없었다. 그런 그에게 두 벌 옷이란 있을 수 없는 일이었고, 갖가지 병이 생길 만큼 몸은 영양실조 상태가 되었던 것이다. 그것은 남을 위해 자신을 희생한다는 '예수 십자가의 신앙'이었기 때문에 아무도 막을 길이 없었다. 서평은 의학 지식이 깊었을 뿐만 아니라 한국 풍속과 예의에도 밝았다. 그래서 그녀의 설교는 듣는 이들에게 깊은 감동을 주었고, 부흥 강사로도 곧잘 초청받았다.

윤락 여성과 함께 울어준 사람

서서평은 공창 폐지 운동도 했지만, 창녀와 윤락 여성을 업소에서 데리고 나와 공부시키는 데도 많은 노력을 했다. 1924년 5월 30일에 남대문교회에서 열렸던 한국간호협회 제2회 총회에서는 의사 오긍선 씨를 강사로 세워 공창 폐지에 대한 강연을 하게 하였고, 이후 공창 폐지 기성회를 조직하여 간호회원 전부 이 기성회의 회원이 되기로 결정했다. 그리고 많은 공창 여성과 윤락 여성을 구출했다.

김윤식 장로의 《광주제일교회 70년사》에는 이에 관련된 일화가 있다. "그는 특히 윤락의 구덩이에 빠진 여성들을 구해내는 일에 모든 것을 바쳤다. 한번은 만주로 팔려가던 열아홉 살 처녀 아이 설모 양을 구해내 한 집에서 살게 하며 잘 가르쳐 건전한 사람으로 만들었다. 이 처녀의 친아버지가 미국에서 살고 있다는 소식을 듣고는 미국 각지에 광고를 내서 아버지를 찾아주기까지 했다. 결국 하와이에 있는 친아버지에게로 돌려보내서 결혼까지 하게 하였다."

강계생(후에 '형신'으로 개명) 권사와 오복희 전도사에 따르면 이와 같은 사례들이 많이 있는데, 그중에서 윤영애라는 여성의 경우는 다음과 같다.

한쪽 눈이 사시인 윤영애는 당시 풍속대로, 열다섯 살 때 부모의 일방적인 결정에 따라 나이 많은 남자에게 시집갔다. 남편이 무서워 살 수가 없었던 영애는 집을 뛰쳐나왔으나 친정으로 돌아갈 수도 없었다. 출가외인이라 해서 호적에서도 제명해버리고 '죽어서도 시집 귀신이 되어야 한다'는 것이 당시 사회 통념이었기 때문이다. 갈 곳 없던 영애는 들판으로 공동묘지로 며칠 동안 헤매고 다니다가, 허기를 참을 수 없어서 음식점을 찾아갔다. 음식점에서는 '굴러온 호박'이라고 반기며 잘 먹이고 일을 시켰다. 그런데 드나드는 남자 손님 하나가 귀엽다면서 친절히 대하자 순진한 영애는 그 사람을 의지하고 따르게 되었다. 그 남자는 나중에 데리러 올 테니 기다리고 있으라면서 떠났다가, 서너 달 후에 돌아와서는 음식점에 돈을 주고 영애를 사서 어느 요리집에 되팔아버렸다.

이렇게 해서 팔린 몸이 된 영애는 요리집, 중국집 등을 전전하면서 살다가 우연히 청년 하나를 알게 되었다. 그녀는 청년에게 자기 사팔뜨기 눈을 고쳐달라고 끈질기게 부탁했다. 집요하게 조르는 영애에게 시달리던 청년은, 할 수 없이 영애를 데리고 광주 제중병원 안과를 찾았다. 치료하는 동안 이야기를 주고받다가 영애의 신세를 알게 된 서평이 "그런 생활 그만 청산하고 착실하게 사는 것이 어떠냐?"고 하자 영애는 눈물을 글썽이면서 "마음이야 굴뚝같지만 팔린 몸이어서 빠져나올 도리가 없어요" 하는 것이었다. 영애의 진심을 알게 된 서평은 몸값을 지불하고 데리고 와 이일학교에서 일을 시키며 공부도 가르쳤다. 서 선교사의 셋째 양녀였던 M도 나이는 어렸지만 처지는 이와 비슷했다(4부 '13명의 고아를 딸로' 참조).

세상에는 온갖 종류의 불우한 사람과 죄인이 많은데 창녀보다 더 불우한 사람은 없을 것이다. 창녀는 화려한 옷을 입고 얼굴을 예쁘게 단장한 채 아무 일도 안 하는 것처럼 보여, 어찌 보면 세상 편하게 사는 것 같지만 사실은 그렇지 않다. 그녀들이 부르는 노래는 탄식 소리요 마시는 술은 눈물방울들이다. 서방은 수없이 많지만 평생을 의탁할 남편은 없고, 얼굴은 아름다운 것 같지만 속은 썩어 간다. 창녀는 자신만 망치는 것이 아니라 다른 남자들까지 죽이는 무서운 죄를 범하는 것이다. 그러므로 이런 제도는 인권을 무시하는 잔인한 처사다. 그래서 서평은 공창 제도를 폐지해야 한다고 주장했고, 창녀들을 그곳에서 구출하는 일이 시급하다고 했다. 그렇게 하는 것이 성경적인 일이라 믿었다.

예수님은 "세리들과 창녀들이 너희보다 먼저 하나님의 나라에 들어가리라"(마 21:31)고 말씀하셨다. 이 말씀은, 창녀라고 무조건 천국에 먼저 들어간다는 뜻이 아니라 누구든 예수를 믿기만 하면 된다는 말이다. 본문에서 말하는 창녀는 믿고 회개했다는 사실 하나로 천국에 들어가게 된 것이다. 누가복음에는, 죄 사함을 받고 너무나 감격한 창녀가 예수님 발을 자기 눈물로 적시고 자기 머리카락으로 닦은 후 발에 입 맞추고 향유를 부었다는 기사가 기록되어 있다(눅 7:38).

서평은 창녀를 구출하는 일이야말로 보람찬 일이라고 믿었다. 그래서 사명감을 갖고 온 힘을 다 기울였던 것이다. 조지 브라운 박사는 《한국 지역 선교사》라는 책에서 "서평은 영혼을 구원하고 생명을 구제하는 데 열정적이었으며, 많은 여성들을 윤락 행위로부터 구해냈다"라고 적고 있다.

술 취하지 말자 외치노니

1925년경의 어느 한때, 어깨띠를 두른 부녀자들이 손 팻말을 높이
치켜들고 광주 밤거리를 쓸고 다닌 일이 있었다. 이들은 똑같은 하
얀 저고리에 검은 통치마를 입었었다. 선두에 선 한 사람만 6척 장
신이고 뒤를 따르는 무리는 모두 보통 키였다. 신발은 다들 코끝이
뾰족한 여자용 검정 고무신을 신었는데, 장신의 선두자는 우악스
럽게 보이는 남자용 검정 고무신을 신었다(발이 커서 여자용 고무신은 맞
지 않았다). 머리 모양 또한 선두자만 달랐다. 그는 남자처럼 가르마
를 타서 오른편으로 넘겨 빗은 머리였고, 나머지 여자들은 뒤꼭지
에 주먹만한 쪽을 지어 올렸거나 엉덩이까지 땋아 내린 머리 끝에
빨간 댕기를 드렸다.

  구호를 힘차게 선창하는 선두자는 미국 선교사이자 이일학교 교
장인 서서평이었고 뒤따라 구호를 제창하며 노래를 부르는 무리는

그 학교 학생들이었다. 어깨띠와 팻말에 적혀 있는 슬로건은 '금주로 구국하자!'였고 외치는 구호도 같았다. 이 차림으로 이들은 요정이나 주점을 찾아다녔다. 상다리가 부러질 만큼 산해진미를 가득 차린 호화판도 있었고, 접시 몇 개와 각자의 술잔만 놓인 초라한 술상도 있었다. 어떤 곳에는 남자들 사이사이에 여자들이 끼어 앉아 있었고, 또 어떤 데는 많은 남자들 사이에 여자 한두 명만 앉아 있기도 했다.

어떻든 술자리들의 공통점은 천하라도 요리할 듯 소리를 지르고 깔깔대는 것이었다. 학생들은 지독한 술 냄새를 무릅쓰고 손님들 앞에 다가가서 일단 "실례합니다"라고 허리 굽혀 정중히 인사를 했다. 그리고 전단지 한 장씩을 나눠주었다. 전단에 적힌 내용은 다음과 같다.

"술의 성분인 알코올은 인체에 해로운 독이다. 이 독이 몸에 들어가면 우선 뇌신경에 영향을 주고, 다음으로 성 세포의 유전 관계를 다루는 크로모소멘을 파괴한다. 파괴된 크로모소멘은 3, 4대에까지 영향을 미친다. 술은 산소 공급에 지장을 주고 또한 단백질 응고, 탄소대사 작용 등에 여러 가지 지장을 일으키므로 심장병, 위궤양, 간경화증, 중추신경 마비 등 무서운 병을 유발한다. 술 중독은 생명을 단축시키고 반신불수로 만든다. 술은 건강이나 정신이나 경제 문제를 일으키는 독소일 뿐 아니라 윤리 도덕을 파괴하고 부정부패의 근원이 되며 나도 국가도 망치게 한다."

술을 마시다 이 쪽지를 받아 든 사람들은 "이게 다 뭐냐!" 하면서

어서 나가라고 손을 내젓기도 하고, "술의 해독을 모르는 사람이 어디 있어!" 소리치기도 했다. "국가를 망치다니! 주세 수입이 얼마나 많은데?" 하면서 술 세금으로 국가 경제를 돕는다고 자처하는 사람, "술의 가치를 모르는 사람들이 할 일 없어 하는 짓"이라고 빈정대는 사람, 모처럼의 즐거움을 망친다면서 투덜거리는 사람 등등 부정적인 반응들이 많았다. 그런가 하면 술에 취해 붉어진 얼굴이 자책감으로 더 붉어지는 사람도 있고, 잘하는 일이라면서 칭찬하고 격려하는 사람도 있었다. 한편 학생들의 집안사람들이나 일가친척들은 술집에 드나드는 것 때문에 걱정하기도 했다.

또 장날이 되면 이들은 시장 한 귀퉁이에 플랜카드를 세워놓고 서평 교장이 먼저 멋들어지게 노래를 한 곡 뽑았다. 그러면 장사꾼들이 우르르 모여들었다. 키가 말같이 크고 머리칼이 황소 털처럼 노랗고 눈은 우렁마냥 쑥 들어간 데다 코는 주먹만큼 큰 생김새가 신기해서이다. 그때 학생들이 우렁차게 합창을 하고 목사가 약 10분가량 설교를 했다. 그러고 나면 학생들이 군중 사이를 비집고 다니며 전단지를 나눠주었다. 학생들이 불렀던 금주가는 다음과 같다.

"금수강산 내 동포여 술을 입에 대지 마라 건강지력 손상하니 천치될까들 두렵다 / 패가망신 될 독주는 빚도 내서 마시면서 자녀교육 위하여는 일전 한 푼 안 쓰려네 / 전국 술값 다 합하여 곳곳마다 학교 세워 자녀 수양 늘 시키면 동서 문명 잘 빛내리 / 천부 주신 내 재능과 부모님께 받은 귀체 술의 독기 받지 말고 국가 위해 일할지라 / (후렴) 아 마시지 말라 그 술 아 보지도 말라 그 술 우리나라

복 받기는 금주함에 있느니라."

목사의 설교 요지는 대강 이러했다.

"포도주는 거만하게 하는 것이요 독주는 떠들게 하는 것이라 이에 미혹되는 자마다 지혜가 없느니라"(잠 20:1). "술과 기름을 좋아하는 자는 부하게 되지 못하느니라"(잠 21:17). "재앙이 뉘게 있느뇨 근심이 뉘게 있느뇨 분쟁이 뉘게 있느뇨 원망이 뉘게 있느뇨 까닭 없는 상처가 뉘게 있느뇨 붉은 눈이 뉘게 있느뇨 술에 잠긴 자에게 있고 혼합한 술을 구하러 다니는 자에게 있느니라"(잠 23:29-30).

탈무드에는 이런 말도 있다. "악마가 사람을 찾아다니는데 너무 바쁠 때에는 그 직책을 술에게 위임한다." 그래서 그런지 동양의 군자라 불리는 우리 한국 사람들은 싸우려면 술을 마신다. 그래서 싸움을 피하고자 하는 사람은 술 깬 후에 오라고 말한다.

성경에는 또 이런 얘기도 있다. 세계 대홍수 후에 노아가 술에 취하여 장막 안에서 벌거벗고 누워 있었다. 이 모습을 본 둘째 아들 함이 이 사실을 형과 동생에게 폭로했고, 술이 깬 후에야 상황을 알게 된 노아는 분개하며 다음과 같은 말을 했다. "가나안은 저주를 받아 그 형제의 종들의 종이 되기를 원하노라"(창 9:21-27). 가나안은 아버지의 수치를 폭로한 함의 넷째 아들이다.

그리고 아브라함의 조카 롯의 두 딸은, 아버지 롯이 취하도록 술을 잔뜩 먹여놓고는 아버지와 동침했다(창 19:30-35). 그래서 사도 바울은 "하나님의 나라는 먹는 것과 마시는 것이 아니요, 오직 성령

안에 있는 의와 평강과 희락이라…음식(술)으로 말미암아 하나님의 사업을 무너지게 하지 말라 만물이 다 깨끗하되 거리낌으로 먹는 사람에게는 악한 것이라"라고 말했다. 즉, 술 마시는 것 자체는 비록 죄가 아니지만 술로 인해 범죄할 가능성이 많으니 건강상, 도덕상 마시지 않는 게 좋다는 것이다(롬 14:15-23).

성경에는 "포도주를 마시기에 용감하며 독주를 잘 빚는 자들은 화 있을진저 그들은 뇌물로 말미암아 악인을 의롭다 하고 의인에게서 그 공의를 빼앗는도다"(사 5:22-23)라는 말씀도 있다. 이렇게 술은 모든 면에서 좋지 못한 것이니 우리나라 형편이나 나 자신을 위해서라도 끊는 것이 좋다.

서서평 선교사는 자기만 금주 운동을 한 것이 아니라 60여 년 선배인 유명한 영국 간호사 나이팅게일도 했다는 데에 힘을 얻어 더욱 열심히 했다. 영혼 구원 사업이야 선교사의 사명이니 당연히 해야 했지만, 한국의 운명을 생각할 때 국민이 술에 취해 지낼 수는 없다는 생각에 적극적으로 나섰던 것이다. 이것은 비단 술에 관해서만 국한된 것이 아니라 애국정신을 깨우치기 위한 방편의 하나이기도 했다.

광주에서 이 운동의 불꽃이 붙자 순식간에 전국으로 번졌다. 뜻있는 이들은 이것을 절제 운동이라고 바꿔 불렀는데, 이를 통해서 간접적으로 독립 정신을 고취시키려는 속셈이기도 했다. 생활개선이라는 명분으로 교회와 사회가 단합하여 한국절제회를 조직했고,

채필근 목사가 회장이 되어 물산 장려나 폐창과 같은 거국적 운동을 전개했다.

절제회 활동과는 별도로, 교회에서는 여전도회 사업의 하나로 절제 운동을 했다. 사경회에서는 금주와 생활개선을 호소하기도 했다. 당시의 여성들은 정치적으로나 사회적으로나 제약받고 있었지만, 그래도 주어진 여건 하에서 전도 운동을 열심히 한 것은 물론 여성 교육과 폐창 운동에도 앞장섰다. 이것이 하나님 나라 사업이요 민족을 위한 일이며 조국의 독립을 앞당기는 일이라고 믿었다. 그래서 치맛자락을 붙들어 매고 횃불을 높이 치켜든 채 온 힘을 다 쏟았던 것이다.

서평과 학생들은 전북 고창 지방으로 순회 전도를 나갔다가 요정에 들러 즉석에서 금주 권고 운동을 한 적이 있다. 그 자리에 있던 고창읍의 명기 송월향은 서양 여자 서평의 열성과 설득력에 감동받고 깨달음을 얻어 기독교인이 되기로 결심했다. 그는 이름을 '송한나'로 개명하고 이일학교에 들어와 값싼 마포 옷을 입고 공부하였다. 이후 전도 부인으로 활약하다가 6.25 때 사망했다.

이 금주 운동에 대해 스와인할트는 저서 《아름다운 생애》에서 다음과 같이 적고 있다. "서평은 한국 여자 기독교 금주동맹도 조직했다. … 아주 효율적인 방법으로 이일학교 학생들을 몇 개 팀으로 나누고 교육시켰다. 그녀의 프로그램에는 주류 판매에 대항해서 싸울 십자군을 만들 계획도 들어 있었다. 이일학교 상급 학생들은 금주 운동을 표방하는 어깨띠를 두르고 술의 해독을 경고하는 팸플릿을 손에 든 채 주점가를 누비면서 '예수 믿고 올바른 이성과 분별력을 가지라'고 외쳤다."

스와인할트는 서평의 약력 소개 글 부제를 '선교사 드보라'라고 붙였다. 드보라는 약 1,200년 전의 인물인데, 20년 동안 이스라엘을 학대하던 가나안 군을 바락과 더불어 격멸하고 이후 40년간 태평세월을 누리게 했던 사람이다. 이스라엘 열두 사사 중 단 하나뿐인 여사사이며 여선지자였다.

13명의 고아를 딸로

"고아를 위하여 신원하며…내 원수에게 보복하리라"(사 1:17, 24).

서서평은 많은 고아들을 돌보아주었을 뿐만 아니라, 13명이나 양딸로 삼아 양육하고 교육시켜 시집까지 보내주었다. 그런데 안타깝게도 오늘날까지 생존해 있는 이들이 없다.

큰딸 K는 전남 고흥의 부자 청년과 결혼하여 서울에서 살았는데 그의 시댁 집안 손자뻘 되는 사람 중에는 장관직도 있다 한다. 이 K가 결혼할 때는 말이 많았다. K는 평양신학교까지 졸업한 데다 얼굴도 미인이었는데, 부자 청년이 청혼했을 때 서평은 선뜻 승낙하지 않았다. 이유는, 아무리 부잣집이라 해도 가장 사랑하는 딸을 신앙심이 깊지 못한 집으로 시집보낼 수 없다는 것이었다. 그러자 총각은 중매인을 제쳐놓고 직접 서평 앞에 무릎을 꿇었다. 예수 잘 믿고 아내를 끝까지 사랑하겠다는 약속을 단단히 했다고 한다. 그리고 총각의 아버지도 서평을 방문하여 아들이 잘 믿도록 하겠노라는 다짐을 했다는 일화가 있다.

셋째 딸 C는 평양으로 출가시켰는데, 7년 동안 아들 셋을 얻은 후 스물넷 나이에 사별하고 말았다. 과부로서 시댁에서 사는 것이 막막하여 어린 세 아들을 거느리고 친정인 광주 서평의 집으로 돌아왔다. 이후, 양어머니가 나누어준 백여 평 대지에 살았다. 넷째 딸은 아들과 딸이 서울에 살고 있는데, 손자가 역시 서평에게서 얻은 90여 평 땅에 살고 있다.

M은 서평이 군산 구암예수교병원 간호사로 근무할 때 얻은 딸이다. 그 아이는 머리가 심하게 다친 채로 병원 문전에 버려진 기아였는데 그때 나이가 네 살이었다. 서평 간호사는 이 아이를 데려와 치료해주고 자기 집에서 기르다가, 아이 없는 어떤 가정에 수양딸로 주었다.

그리고 명절날이면 옷도 사다 주고, 시간이 나는 대로 과자도 사다 주고 하면서 탈 없이 자라는 것을 기뻐했다. 그런데 서울에 갔다가 다시 광주로 내려와 찾아가보니, 그 집이 술장사를 하면서 M에게 술상 심부름을 시키고 있는 것이었다. 이를 본 서평은 M을 돌려 달라 했다. 얌전하게 기르라고 맡긴 것인데 술상 심부름 시키는 것을 보자 화가 났기 때문이다. 그 일이 있은 후부터는 서평이 M을 만나러 가면 숨겨두고 만나지 못하게 하고 돌려주지도 않았다. 그리고 서평에 대해 나쁜 말을 하면서 M을 구슬렸다.

"서평 간호사가 아무리 너를 예뻐하는 것 같아도, 그는 우리 한

국 사람이 아니고 미국 사람이다. 보면 알지 않니? 머리카락은 쇠
털처럼 노랗고, 눈은 우렁이처럼 쑥 들어갔고, 코는 주먹만큼이나
크고 말이다. 너를 미국에 데리고 가서 팔아먹으려고 그런 것이여!
알았냐? 이 후로는 절대로 만나면 안 된다, 응!"

그래도 서평이 포기하지 않고 찾아가서 돌려줄 것을 계속 요구
하자, 그 수양부모는 그동안의 양육비를 내라는 것이었다. 그런데
그 요구액이 말도 안 되는 거액이었다. 서평은 하는 수 없이 법에
호소하였고, 그 판결에 따라 양육비를 지불하고 광주로 데려왔다.
그때 M의 나이 12살이었다. 서평이 이일학교와 수피아여학교에
입학시켰으나 머리를 다쳤던 아이라 공부를 할 수가 없었다. 학교
마당을 밟고 책상에 앉아 있기는 했지만, 수업을 따라갈 수는 없었
다고 한다.

일곱째 딸 C는 전남에서 고위 관료였던 광주 T교회 P장로의 부
인인데, 그 교회의 권사로 열심히 봉사하고 있으며 동창회에서 경
영하고 있는 이일성로원에도 깊은 관심을 갖고 협조하고 있다.

열째 딸 순이가 양딸이 된 경위는 앞서 잠간 언급했었다. 서평이
제주도로 사경회 인도 차 갔을 때, 이일학교 출신 전도 부인이 서평
에게 데리고 온 다섯 살쯤 되는 아이였다. 서평이 즉석에서 이 아이
를 양딸로 삼겠다고 하자 동행했던 다른 선교사가 "이 아이 말고도
여덟인가 아홉이나 있잖아요?" 하면서 말렸다. 그래도 서평은 "그
렇지만 어떻게 합니까? 돌봐주어야지요…"라고 말하는 것이었다.

"이렇게 버림받은 아이들을 돌보느라고 계속 봉급을 다 써버리

면 나중에 어떻게 할 작정이에요?" 묻자 "어저께 선물 받은 암탉 있잖아요. 오늘은 그걸 잡아먹고 내일 일은 내일 생각합시다. 우리 한국 친구들이 우리를 먹여줄 거예요" 한다. "맛있는 것은 죄다 아이들에게 먹이고, 환자인 당신은 매일 보리밥이나 무 뿌리나 해초만 먹으니 어떻게 견딜 수 있겠어요?" 나무라듯이 또 말하자 "그것이 '이 아이를 돌보아주지 않으면 어떻게 될까' 하는 문제와 무슨 관계가 있죠? 이 아이는 이미 내 아이로 결정했어요. 순이라는 이름도 예쁘고…"라고 말하면서 낯설어 우는 아이의 눈물을 닦아주는 것이었다.

아이는 한참 동안 서평의 얼굴을 들여다보더니 흐느끼면서 "난 갈래요. 이렇게 눈이 노랗고 코가 큰 사람은 모슬포에 한 명도 없어요" 하는 것이었다. 그러자 서평은 웃으면서 대답했다.

"내가 다른 나라에서 왔기 때문일 거다. 내가 어렸을 때 우유를 먹어서 그런가 보다."

"송아지처럼?"

"미국이나 다른 나라에서는 사람도 우유를 먹는단다."

"그럼 왜 눈은 그렇게 소라처럼 움푹하고, 엄마라면서 머리는 애들처럼 짧아요? 난 무서워 따라가기 싫어요!"

아이는 따라가지 않겠다고 떼를 쓰는 것이었다. 그래도 서평은 애들을 달래는 능숙한 솜씨로 데리고 와서 양육했는데, 지금 그의 소재나 생사 여부는 알 길이 없다.

막내인 열세 번째 딸 이홍효는 현재 양림교회(기장) 집사이다. 이일학교 동창회 서기인데, 양모가 설립한 학교요 자기에게 배움의 길을 열어준 이 학교의 영예를 위해서 열심히 활동하고 있다. 이홍효는 양어머니인 서평을 '작은 예수'라면서 깊이 존경하고 있다. 그녀의 정신을 이어받아, 교회 출석과 맡은 바 책임 완수에 철저하며 말씀의 생활화를 위해 항상 노력하고 있다. 이일학교를 졸업한 후 전북 고창 지방과 계명여사에서 15년간 전도사로 시무한 이홍효는, 힘이 미치는 한 사회사업에 몸 바칠 생각을 갖고 있다. 한편 남편과 1남 4녀를 둔 행복한 가정을 꾸려가고 있다.

이 막내딸이 전도 부인으로 파송 받을 때 서평 어머니는 이런 말을 했다고 한다.

"너는 내가 믿고 일터로 보낼 수 있다."

그 이유는, 몸이 건강하고 열심이 있고 불우한 이들과 난민들을 이해하고 있기 때문이라고 했다. 그녀는 열세 살에 어머니를 잃고 아버지는 재혼을 했는데, 계모 밑에서 구박받으며 사는 게 너무 힘들었다고 한다. 그래서 집을 뛰쳐나왔는데 그때 그녀를 거둬 양녀로 삼아준 사람이 서평 선교사였다.

아픈 손가락, 양자 요셉

어느 날 만삭의 임산부가 반송장 상태로 전북 순창에서 광주 제중 병원까지 실려 왔다. 그녀는 제왕절개 수술로 겨우 아이만 낳고 그 자리에서 숨지고 말았다. 그러자 남편은 산모 시신만 운구해 가고 핏덩이인 아이는 그냥 버리고 갔다. 간호사였던 서평은 이 아이를 데려다가 목욕을 시키고 강보에 싸서 따뜻한 우유를 먹였다. 그렇게 키우기 시작한 아이는 날이 갈수록 무럭무럭 예쁘게 자라갔다. 서평은 틈날 때마다 아기를 가슴에 안아주거나 등에 업어주었고 친구들에게 자랑도 했다. 딸랑딸랑 소리 나는 딸랑이, 대굴대굴 굴러가는 공, 여러 모양의 인형 등 장난감도 구해주었다. 아이가 자람에 따라 자동차나 비행기 같은 장난감도 사주었다. 이 아이가 서평의 양자, 요셉이었다.

요셉은 이 장난감들을 늘 바깥에 들고 나가 놀았다. 당시 한국 아이들의 장난감이라고는 사금파리 조각이나 돌멩이 같은 것들뿐이었다. 만든 장난감이라고 해도, 풀을 뜯어 실로 막대기에 묶어 머리카락이라고 하면서 땋아주는 각시 인형이 전부였다. 그런데 요셉이 자랑하면서 갖고 노는 장난감은, 앉히면 눈을 뜨고 눕히면 눈을 감는 인형이나 저절로 움직이는 자동차 또는 비행기였다. 한국 아이들은 이런 장난감들이 무척 신기하고 부러웠다.

서평은 요셉을 위해서는 돈을 아끼지 않았다. 자신은 영양실조 상태면서 맛있는 음식이 생기면 요셉에게만 주었고, 자신은 헐벗어도 요셉만은 언제나 깨끗하게 입혔다. 그야말로 아낌없는 모성애로 그를 키웠다. 요셉은 커갈수록 외모도 점점 더 준수해졌다. 그는 선교사 자녀들을 위한 학교에 다녔기 때문에 미국 애들과 같이 놀았다. 사실 요셉이 그 학교에 입학하는 데는 문제가 있었다. 미국인이 아니라 한국인이었고 또 고아였기 때문이다. 그러나 서평의 요청으로 입학할 수 있었다.

하지만 개구쟁이요 골목대장이었던 요셉은 학교에서 늘 말썽을 일으켰다. 선생님들 말을 듣지 않아 애를 먹였고, 이웃집 딸기나 토마토, 당근 밭을 망쳐놓는가 하면 높은 호두나무를 향해 돌을 던져 남의 집 유리창을 깨기도 했다. 또 걸핏하면 친구들을 놀려 울리곤 했다. 학교에서는 서평이 혹시라도 오해할까 싶어 늘 배려하고 신경을 썼지만, 요셉의 심한 장난질은 도저히 어떻게 할 도리가 없었다. 결국 요셉은 미국인 학교에서 숭일학교로 전학당하고 말았다.

그렇다고 해서 요셉이 반성한다거나 성격이 달라지고 나아진 것

은 아니었다. 오히려 더 했으면 더 했지 덜 하지는 않았다. 숭일학
교에서도, 사정은 딱하나 다른 학생들을 위해서는 어쩔 수가 없다
면서 요셉을 퇴학시켰다. 그렇다고 해서 공부를 시키지 않을 수는
없는 노릇이었다. 그래서 서평은 자기가 설립하고 교장으로 있는
이일학교에 보내, 여학생들 틈바구니에서 공부하도록 했다. 그러
던 중에 세상을 뜨고 말았다.

서평은 자신의 한국식 이름을 지을 때 수없이 연구했다. 그래서
지은 것이 '서서평'이었다. 처음에는 본명인 쉐핑(Shepping)을 한국식
으로 표현하는 것이 중요했지, 성을 뭐라고 하건 이름에 무슨 한자
를 쓰건 그런 건 상관없었다. 가급적이면 발음이 본명에 가깝기를
바랐지만, 꼭 그래야만 한다고 고집한 것은 아니었다. 어쨌든 그가
지은 한국 이름 '서서평'에는 뜻이 있었다.

서평은 자기 성격이 너무 급하다는 게 고민이었다. 이 성격을 어
떻게 하면 고칠 수 있을까 늘 생각했다. 그래서 무슨 일을 하든 너
무 급하게 하지 말고 서서히 해야겠다는 결심에서 성을 '서'(徐)로
했고 '서서히'라는 단어를 보니 '서' 자를 하나 더 써야 할 것 같아
서 그렇게 했다. 이름에 들어간 '서'(舒)자에는, '자기 감정을 차분하
게 편다'라는 의미도 있고 '소처럼 느릿느릿 여유 있고 침착하게'
라는 의미도 있다. '평'(平)자 또한 다급한 데서 생긴 모난 성질을 평
평하게 해야겠다는 의도를 담았다. 서평은 그만큼 이름에 관심이
많았다.

양아들 요셉의 이름도 많은 고심 끝에 지은 이름이었다. 첫째, 성

모 마리아의 남편이던 의인(마 1:20; 2:13, 19, 22) 요셉이요, 둘째, 예수의 시체를 빌라도 총독에게 달라고 해서 자기를 위해 마련해두었던 묘소에 안장한 아리마대 요셉이요, 셋째, 야곱의 아들로 성격이 온유하고 하나님을 경외하며 도의를 지키고 맡은 직무에 충성을 다한 자로서 부모 형제를 기아에서 구출했던 애굽 총리 요셉이요(창 37-50장), 넷째, 다윗 왕 당시 성가대원 288명 중 제1인자였던 요셉(대상 25:7-9)이다.

이상과 같이 이상적인 인물 요셉의 이름을 따서 양자 이름을 지은 것이었다. 요셉과 같은 인품을 가진 사람이 되기를 기도한 것은 물론이고, 야곱이 요셉을 특별히 사랑했듯이 서평 역시 요셉을 끔찍이 사랑했다. 한번은 요셉이 설사를 해 옷이 엉망이 된 채로 길가에서 울고 있었다. 이 모습을 본 서평은 한걸음에 달려가서 들어 안고 개울로 달려가 씻겨주었다. 그러면서 "나는 남의 아이들이라도 이런 꼴을 하고 있으면 달려가 돌보아주었는데 내 아들 요셉이 이 꼴인데도 돌보아주는 사람이 아무도 없었단 말인가!" 하고 울먹이는 것이었다.

그런데 서평의 양자 요셉은 서평의 바람과 딴판이었다. 양어머니의 그런 소원과 사랑과는 정반대로 무슨 일이든 청개구리처럼 하는 망나니였다. 요셉이 사고를 치고 말썽을 일으킬 때마다 서평은 부둥켜안고 "그러면 안돼요" 하며 타일렀다. 서평은 요셉을 붙잡고 참 많이 울었는데, 남이 알게 모르게 요셉 때문에 흘린 눈물이 얼마나 많은지 모른다.

서평은 임종이 가까워졌을 때 친했던 조화임에게 부탁을 했다.

"우리 요셉을 아들같이 생각하고 잘 보살펴주세요."

그러나 조화임은 요셉이 문제아임을 이미 잘 알고 있었기 때문에 선뜻 대답할 수가 없었다. "대단히 죄송합니다만…다른 방법으로 도울망정 요셉을 맡지는 못 하겠습니다" 했던 것이다. 임종을 앞둔 환자에게 이보다 더 괴로운 대답은 없겠지만 그로서는 어쩔 수가 없었다.

서평이 별세한 후, 누구도 맡아주겠다는 사람이 없어서 요셉은 혼자 순창으로 갔다. 그런데 요셉은 누구나 놀랄 정도로 나팔의 명수였다. 여남은 살 때부터 못 부르는 곡이 없을 만큼 잘 불었다. 한동안 소식이 없었는데, 언젠가 곡마단 곡예사가 되어 통 속에서 자전거 타고 있는 모습을 보았다는 사람도 있고, 6.25 때 포로수용소에서 미군 통역사로 일하는 것을 보았다는 사람도 있다. 일본에 있다는 소문을 듣고 저자가 수소문하여 알아낸 주소로 편지를 보냈으나 아무런 답이 없었다.

자선 사업가의 씨앗이 된 서평

김윤식 장로는 서평을 가리켜 "도저히 다른 사람이 따를 수 없는 사랑의 봉사를 실천한 분"이라 했다. 그렇기 때문에 많은 사람에게 감동을 주었으며, 전남에서만도 그의 구제 정신에 영향을 받고 그 사역을 본받은 자선 사업가들이 적지 않다.

첫째, 목포 공생원을 들 수 있다. 설립자 윤치호 씨는 미국 선교사 마 부인의 전도를 받아 예수를 믿게 되었다. 당시 전남노회 주최로 한 달 동안 성경학 강의를 했는데 목포·무안·함평·강진·해남 등에 사는 사람들을 위해서는 목포에서, 광주·화순·나주·담양·장성 등에 사는 사람들을 위해서는 광주에서 열었다. 그런데 이 모임을 동시에 두 곳에서 진행하는 것이 아니라 목포에서 먼저 진행하고, 그 모임이 끝나고 나면 광주에서 여는 식이었다. 윤치호는 목포에서 열린 성경 공부에 참여했는데, 서평 강사의 강의에 매

료되어 이후 광주에서 열린 모임에까지 찾아와 공부를 계속했다. 그러는 중에 믿음이 깊어지고 서평의 구제 사역에 감동받아, 마 부인의 소개로 서평과 교제하게 되었다. 그는 서평의 지도 아래 1932년 1월 15일에 고아원을 설립했고 그곳에서 200명이 넘는 고아들이 생활하게 되었다.

둘째로 이일성로원이다. 이 양로원은 서평이 설립한 이일학교 졸업생 김화남이 노령이 되어 교역자(전도 부인)를 사임하고 나서 세운 것인데 설립 취지는 이러했다.

"복음을 전도하기 위해 청춘을 불사르며 봉사하다가 늙어 일할 수 없게 되고 게다가 의탁할 곳마저 없는 여자 교역자들을 위해서 세웠다."

그리하여 몇몇 사람의 희사금(광주중앙교회 서한권 장로가 만 원, 광주제일교회 이득주 장로가 오천 원, 서림교회 김하길 씨가 오천 원, 신안교회 P장로가 만 원)을 가지고 1957년에 지금의 소태동에 설립하여 전남성로원이라는 이름으로 시작했다. 그러다가 어느 정도 자리가 잡히고 건물이 제대로 지어진 1959년 5월 7일에 황성수 전남도지사와 광주 시의원들 임석 하에 개관 예배를 드렸다. 그때부터 이일학교 동창회원들(박분임, 함부녀 등)이 참여하게 되었고, 남광교회 이석수 장로와 박분임(당시 동창회장), 박희숙(현 동창회장) 등이 같이한 자리에서 모든 집기를 양분하여 김화남을 원장으로 세우고 분립하였다.

함평 지방에서는 20여 년간 전도 부인으로 시무해온 이일학교 출신 이정희(1980년 당시 78세)가 원장으로 취임하고 이일성로원으로 개명했다. 그곳에서는 100여 명의 할머니들이 따뜻한 보호를 받고 있다. 한편에는 탁아소를 두어 가난한 어린이들 60여 명에게 무료 급식을 해주며 보호하고 있다. 이정희는 숭고한 정신으로 사회에 봉사한 공로가 크다 하여 1979년에 3백만 원 상금의 '아산 사회복지 대상'을 받기까지 했다.

셋째는 전남성로원이다. 이 전남성로원의 원장이었던 김화남은 8.15 해방 전 전도사로 시무하면서 양림교회 아래 있던 선교사 소유의 집터를 빌려 걸인들을 보살폈었다. 그러다가 미일 전쟁이 나서 선교사들이 귀국하자 모두 일본 사람들에게 탈취당했고, 나중에는 부득이 자기 집에서 걸인들과 함께 살기까지 했다(2부 '그가 가르친 제자들' 참조).

넷째로는 은성원이다. 이곳은 홍승애 권사가 1968년 6월 5일에 제중병원장 H. A. 카린턴과 상의하여 정신병 환자들을 수용하기 위한 시설로 상무동에 지은 것이다. '사랑의 집'이라는 이름으로 정신장애인 50여 명을 수용 보호하는 곳이었는데, 이 요양소 설립자 홍승애는 8년 동안 제중병원에서 전도 부인으로 근무했던 사람이다. 카린턴 원장과 의논해서 시작한 것은 환자를 치료하는 데 도움을 받기 위해서였고, 사업은 서평 선교사의 삶에 감화받아서 시작한 것이었다.

홍승애는 서평의 도움으로 이일학교와 수피아여학교, 평양여자신학교를 졸업한 후 모교인 수피아여학교 및 이일학교에서 교편을 잡았었다. 광주 양림교회와 중앙교회, 제중병원에서 전도 부인으로 시무하던 그가 65세에 제중병원을 사직하고 시작한 것이 은성원이다. 홍승애는 3.1운동(그녀의 나이 20세) 때 수피아여학교 선동자로 잡혀, 대구 형무소에서 6개월간 복역하다가 집행유예로 석방되기도 했었다.

그런데 1977년 11월에, 사재를 털어 수용 보호해주던 한 정신병 환자에게 몽둥이로 머리를 구타당하여 치료받다가 1년 만인 1978년 11월 17일에 별세하였다. 은성원은 그녀의 셋째 아들인 은희남 목사가 뒤를 이어 운영하고 있다. 은 목사에 따르면, 어머니인 홍승애 여사가 돌봐주던 환자한테 피살당하기까지 베푼 그 큰 사랑을 갖게 된 것은 오직 서평으로부터 받은 감화 때문이라고 한다. 그래서 그는 서평을 '사랑의 씨앗'이라고 했다.

또 은 목사는 "내가 진실로 진실로 너희에게 이르노니 한 알의 밀이 땅에 떨어져 죽지 아니하면 한 알 그대로 있고 죽으면 많은 열매를 맺느니라"(요 12:24) 하였으니 서평이 한국에 뿌린 사랑의 씨는 육십 배, 백 배의 열매를 거두리라 믿는다면서 "우리가 선을 행하되 낙심하지 말지니 포기하지 아니하면 때가 이르매 거두리라"(갈 6:9)를 애송한다고 했다.

다섯째로는 전남육아원이다. 함평자활원 부원장으로 있던 윤병진이 설립한 것인데 그가 고아 구제 사업에 손댄 동기 역시 서평과 관련이 있다. 서평에게 어떤 불우한 여성의 형편을 설명하며 상의하는 편지를 보냈는데, 돌아온 답장 내용 가운데는 다음 말씀이 적혀 있었다. "지극히 작은 자 하나에게 한 것이 곧 내게 한 것이니라"(마 25:40). 윤병진은 불쌍한 고아라 해서 천대하지 말고 '고아는 하나님의 아들'(시 68:5)이니 잘 돌보아야 한다는 내용의 편지(2부 '사재를 털어 시작한 광주 이일학교' 참조)에도 감동받았지만, 보잘것없고 버림받은 한국 사람을 위해서 자선 사업하는 서평에게 크게 감화를 받았다. 그리하여 1957년 1월 1일, 광주 학동에다 육아원을 설립하여 210명을 받았는데, 이곳에는 초등학교부터 고등학교 과정까지 있다.

이외에도 무등육아원, 천혜경로원, 계명여사, 귀일원 등도 서평의 영향을 전혀 받지 않았다고 할 수 없다. 이 기관들은 설립자로부터 직접 그 사연을 듣지 않아서 확인은 할 수 없지만 다음과 같은 사실들을 근거로 추측할 수 있다.

무등육아원은 서평의 구제 활동에 감동받은 추씨가 희사한 돈으로 금정교회 이경필 목사에 의해 시작됐다. 그런데 이경필 목사가 이 교회에 부임한 1930년보다 십여 년 전에 이미 서평은 이 교회에서 부인조력회원들과 더불어 사역해오고 있었다. 또 이경필 목사는 이 교회에 부임하기 전에 제주도에서 시무(1921-1926)했는데, 제주도에 있을 때 구제 사역을 한 흔적이 없는 것으로 보아 이 목사도 서평의 감화를 받아 이 일을 시작한 것으로 추측할 수 있다.

천혜경로원은 설립자 강순명 목사가 젊은 시절 열렬히 전도할 때 서평과 같이 일했던 것으로 알려져 있다. 계명여사는 광주 YWCA 회장인 조아라가 운영하고 있는데, 이 밖에도 조아라는 성빈여사를 운영하는 등 여성 운동과 사회사업에 평생을 바쳐온 사람이다. 그녀는 운영난에 처해 있는 무등자활원의 이사장이기도 하다. 이는 이름만의 명예직이 아니고 새벽부터 밤늦게까지 뛰어 다녀야 하는, 잠시도 차분히 앉아 숨 쉴 틈도 없을 만큼 항상 분주하게 일해야 하는 직책이다. 이런 모습이 다분히 서평을 닮았다는 말이 있다. 물론 이 모든 활동의 원동력이 예수님의 사랑 정신이겠지만, 선교사라면 서평을 제일 먼저 손에 꼽을 만큼 서평을 존경하는 것으로 보아 영향을 받았을 것 같다.

귀일원 역시 설립자인 이현필(맨발의 성자)에 대해 말하자면, 서평이 신임한 전도사였고 원장 정인세 역시 서평과 같은 교회 집사였다. 또한 그는 주일학교협회를 조직하고 상임 간사로 있을 때 교사 예비 교육 성경 과목 강사였던 서평과 여러 번 만났으며, 서평 교장이 학생 중에서 가장 사랑했다는 오복희가 귀일원의 전도사였다. 이러한 점들을 감안하면 서평의 감화가 미쳤을 것으로 보지 않을 수 없다. 물론 이 곳도 사랑의 종교인 기독교 신앙을 토대로 세워진 곳이지만, 불쌍한 사람들을 돌보아주겠다는 군림 의식이 아니라 신체장애인을 볼 때 돌보아주지 않을 수 없다는 정신에서 비롯되었다는 점이 서평과 비슷하다.

"그때에 임금이 그 오른편에 있는 자들에게 이르시되 내 아버지께 복 받을 자들이여 나아와 창세로부터 너희를 위하여 예비된 나라를 상속받으라…이에 의인들이 대답하여 이르되 주여 우리가 어느 때에 주께서 주리신 것을 보고 음식을 대접하였으며 목마르신 것을 보고 마시게 하였나이까 어느 때에 나그네 되신 것을 보고 영접하였으며 헐벗으신 것을 보고 옷 입혔나이까 어느 때에 병드신 것이나 옥에 갇히신 것을 보고 가서 뵈었나이까 하리니 임금이 대답하여 이르시되 내가 진실로 너희에게 이르노니 너희가 여기 내 형제 중에 지극히 작은 자 하나에게 한 것이 곧 내게 한 것이니라"(마 25:34-40)는 말씀에 따라 지극히 작은 자(신체장애인)에게 하는 것이 곧 예수님을 대접하는 것이라는 게 서평의 평생 믿음이었다.

5부
서거평과 함께한 작은 예수들

동료 선교사들

서서평은 믿는 사람, 안 믿는 사람을 막론하고 누구에게나 존경을 받았고 '서평 부인'이라는 단어는 존경의 상징어가 되다시피 했다. 그런데 이와 달리 동료 선교사들은 한두 사람 빼놓고는 다들 그를 달갑지 않게 여겼다.

그 이유로는 여러 가지를 들 수 있을 것 같다. 우선, 서평의 양자였던 요셉은 산만하고 장난이 심한 개구쟁이였다. 그는 다른 선교사 아이들을 곧잘 울리고, 밭의 곡식을 망치는가 하면, 집에 놀러왔다 갈 때 손에 잡히는 대로 들고 나가서 엿과 바꾸어 먹는 등 미운 짓만 저지르는 아이였다. 다른 선교사들 입장에서는 아이 교육은 제대로 시키지 않으면서 애지중지만 하는 것이 미웠고(4부 '아픈 손가락, 양자 요셉' 참조), 양딸들을 많이 입양해 교육시키는 것도 못마땅했다. 윤락 여성들 구해내는 일, 장학금, 빈민 구제 등에 규모 없이 지출을 많이 함으로써 생활 형편이 극빈했던 서평은, 몸은 영양 실조 상태에 신발은 늘 검정 남자 고무신을 신고 다녔다. 다른 선교 사들은 그런 서평이 미국인의 위신을 떨어뜨리고 선교사들 망신을 시키고 있다고 생각했던 것이다.

그래도 그것은 서평의 신념, 즉 기독교 정신에 입각한 가치관에 관한 부분이라 누구도 그녀를 탓할 수는 없었다. 그건 그렇다 치고, 동교 선교사들로서 도저히 용납하기 어려운 문제가 있었는데 바로 서평의 성격이었다. 서평은 성질이 너무 급했다. 무슨 일이든 참지 못했고, 자신이 보고 느낀 그대로를 상대가 누구든 가리지 않고 위 신이나 체면 또한 상관없이 바로 그 자리에서 총알처럼 마구 쏘아 댔던 것이다.

하지만 당시 선교사들도 문제가 좀 있었다. 선교사라면 사리를 떠나 선교에만 집중하고 전력을 다해야 하는데 그렇지 않은 이들 이 있었다. 월급(가족은 물론 집에서 키우는 개에 대한 수당까지 나와 경제적으로 넉넉했다)을 받으면, 달러를 유리하게 바꾸기 위해 중국 상해나 북경 을 왕래한다거나, 토지 장사를 하여 이익을 취한다거나, 개인 재산 문제로 한국인과 송사를 일으킨다거나, 많은 남녀 고용인을 두고 닭, 돼지, 양, 소 등의 축산과 밭 경작을 시킨다거나 하는 선교사들 이 많았다. 개인의 실생활, 즉 세상일에만 치중하고 선교 대상자인 한국인들이 기아에 허덕이며 눈물겹게 살아가는 모습은 외면했던 것이다. 서평은, 한국의 참상을 눈앞에 보면서도 사치스럽고 호화 로운 생활만 일삼는 이들을 책망했다.

그때 다른 선교사들 집은 빨간 벽돌로 지은 이층 양옥이었는데, 해마다 사람을 시켜 페인트칠을 새로 하거나 깨끗하게 단장을 했다. 그러나 서평의 집은 나무 기둥에 흙벽을 맞춘 것으로 여느 선교사 주택의 화장실 정도로밖에 보이지 않는, 허술하기 짝이 없는 초라한 집이었다. 그가 서거했을 때 동아일보에는 서평의 집 사진이 실렸는데, '찌그러진 집'이라는 제목을 붙일 정도였다. 집 마당에는 호랑이가 새끼를 낳을 정도로 잡초가 무성했지만 서평은 하나님 일 하기에 바빠 풀 한 포기 뽑을 틈이 없었다.

다른 선교사들은 자신들의 행동이 그렇게 비신앙적이거나 양심적이지 못한 것이라고 생각하지는 않았다. 그렇지만 서평의 말이 그르다고 생각하지도 않았다. 서평의 생활은 성경 말씀에 전혀 어긋남이 없었고, 그래서 서평 선교사가 한국 사람들에게 높이 존경받고 있는 것은 사실이었다. 한국 사람들은 서평 선교사 외의 다른 선교사들에 대해서는 호감을 갖지 못했는데, 여기에는 그럴 만한 까닭이 있다.

서평은 양자, 양딸들과 함께 가정 예배를 드릴 때 "네 이웃을 네 몸같이 사랑하라"는 말씀으로 그야말로 예수님의 사랑만을 전했다. 이에 반해 다른 선교사들은(전부는 아니지만) 고용인들과 함께 예배드리면서 "도적질 하지 말라"(출 20:15), "종들아 두려워하고 떨며 성실한 마음으로 육체의 상전에게 순종하기를 그리스도께 하듯 하라 눈가림만 하여 사람을 기쁘게 하는 자처럼 하지 말고 그리스도의 종들처럼 마음으로 하나님의 뜻을 행하고 기쁜 마음으로 섬기기를 주께 하듯 하고 사람들에게 하듯 하지 말라"(엡 6:5-7) 같은 내용의 설교를 주로 했다. 한국 사람들이 보기에는, 자기 재산을 지키고 모으는 수단으로 성경 말씀을 이용하는 것 같았다. 또 서평 선교사는 다른 지역에 나가 있는 때 외에는 밤과 낮의 모든 예배, 정기집회에 빠진 적이 없는데 반해 다른 선교사들은 밤 예배와 새벽 기도회에는 참석하지 않았다. 그래서 육신을 위해서는 부지런하면서 예배에는 나태하다는 비난을 받았다.

다른 선교사들에게도 이런 저런 약점들이 있었음에도 불구하고, 유난히 서평이 동료 선교사들 간에 인심을 잃은 것은 그녀의 노골적이고 급한 성격 때문이었다. 동료 선교사들에게 할 말이 있으면 전혀 거리낌이나 망설임이 없었기에 성경적이지 못하다는 소리를 들은 것이었다. 성경에 "온유한 자는 복이 있나니 그들이 땅을 기업으로 받을 것임이요"(마 5:5)라는 말씀도 있고, 비록 의분이라 할지라도 "이것까지 참으라"(눅 22:51)는 예수님의 말씀도 있지 않는가. 서평은 그렇지 못했다.

서평의 성질이 얼마나 급한지 알 수 있는 한 가지 일화가 있다. 서평보다 2년이나 먼저 한국에 온 한 남자 선교사가 이일학교에 온 적이 있었다. 그가 학교 2층 마루에 막 발을 디디려는 순간, 서평 교장은 키가 장대한 이 선교사를 밀어버렸고 그는 계단 밑으로 추락하고 말았다. 학생들이 깨끗이 닦아둔 바닥에 구둣발로 올라왔다고 그렇게 한 것이다.

실내에도 신발을 신고 들어가는 것이 미국의 생활 방식이기에 사실 그 선교사는 잘못이 없다. 그러나 서평은 아무리 미국인이요 미국 관습에 젖어 있다 할지라도, 한국에 온 이상 한국 풍속을 마땅히 따라야 하며 한국인이 버선발로 다니는 곳에 구둣발로 들어오면 안 된다는 생각을 갖고 있었다. 하지만, 백번 지당한 말이라 할지라도, 정도가 너무 지나치며 그런 방법이 아니더라도 얼마든지 이해시킬 수 있지 않느냐는 것이 당한 상대방 입장이었다. 바로 이런 것이 서평의 단점이었다.

서평도 자기의 급한 성격이 단점이라고 십분 인정했다. 매사에 그렇게 실수하고 나서 혼자 후회하고 밤새 잠을 이루지 못하기도 했다. 모두들 이와 같은 서평의 급한 성격을 잘 알고 있어서 크게 문제 삼지는 않았지만, 이 일 저 일로 서운한 감정이 쌓인 사람들이 있었던 것은 사실이다.

게다가 서평은 대쪽같이 강직하고 스스로 옳다고 인정하는 일은 기어이 하고야 마는 불굴의 정신을 갖고 있었다. 학생들에게는 매우 까다롭고 규율이 너무 엄격하여서 싫어하는 학생들도 더러 있었다. 이 사실을 안 다른 선교사들이 선교회를 통해 본국에 서평의 소환 신청까지 한 적이 있다.

최흥종 목사

서서평 선교사는 최흥종 목사를 오빠라고 불렀다. 최흥종의 이력을 살펴보면 매우 많은 일을 했음을 알 수 있다. 대한제국의 순검, 광주에서 최초로 장립 받은 장로, 광주 중앙교회와 금정교회에서 시무, 광주 YMCA를 창설한 초대 회장, 한국 한센병자 근절 회장, 귀일원(신체장애인 요양소)의 모체인 동광원의 창립 발기인, 한국 사회사업 연합회장, 삼애학원과 호혜원(한센병자 자치촌)과 송등원(결핵환자 요양소) 설립 등등이다.

순검을 지낼 때는 총살형 직전에 있던 12명의 한국 의병을 일경 모르게 풀어주었고, 유치장 문을 열어 6명의 의병들이 도주하도록 했으며, 그 자신도 3.1운동으로 옥고를 치렀다. 한번은 보따리 짊어진 한센병자 150명과 함께 광주에서 출발하여 서울까지 11일 동안 걸어갔는데, 올라가는 길에 한센병자들이 계속 합세하여 서울에 도착했을 때는 400명에 이르렀다. 최흥종은 수백 명이 된 이들을 총독부 경내에 앉혀놓고 우가끼(宇垣) 총독을 만나 한센병자들을 위한 시설 건립에 적극 원조하겠다는 약속을 받아냈다. 그리하여 소록도 갱생원이 확장된 것이다.

그리고 얼마 후, 광주부에서 큰 장터의 빈민 가옥을 철거시켜 놓고 아무런 대책도 세워주지 않고 있던 차에 총독이 광주에 오자 면회를 청했다. 도지사는 만나줄 필요가 없다며 말렸지만, 총독이 자청하여 접견하고는 즉석에서 최 목사가 요청한 대로 철거민들에게 속히 보상해주도록 도지사에게 지시한 일도 있다.

또 우리나라 모 재벌에게 한센병자 요양 시설 건립에 찬조를 부탁했다. 그가 1백 원인가 2백 원(요즘 돈으로 50만 원 내지 백만 원)을 내밀자 최흥종은 이렇게 말했다고 한다.

"그 돈 당신이나 잘 쓰시오. 나도 생각이 있소. 한센병자들을 다 데리고 와서 당신 백화점 앞길 거리와 각 층에 몇 십 명씩 배치하겠소. 그러면 장사가 되나 안 되나 한번 두고보시오!"

어느 날 그는 세브란스병원 외과 과장 오긍선 박사를 찾아가 거세 수술을 받았다. 그리고 자신의 사망 통고문을 인쇄하여 친지들에게 발송해서 많은 사람들을 깜짝 놀라게 했다. 앞으로 하나님 사업인 복음 전도, 한센병자 수용, 교육, 구제 등의 사역에만 집중하려면 새사람이 되어야 하며 과거의 자기는 죽어야 한다는 뜻에서였다. 호를 '오방'(五放)이라 지었는데 성욕, 식욕, 물질욕, 명예욕, 생명욕 등 다섯 가지 욕심을 버린다는 뜻이다. 그리고는 손수레 위에 침실을 만들어 끌고다니며 어디든 마음 내키는 곳에 놓아두고 거기서 잠을 자곤 했다. 그가 그렇게 하니 8남매(2남 6녀)가 살고 있는 가정은 엉망이 되지 않을 수 없었다. 아내는 남편을, 자녀들은 아버지를 미워하고 원망했으며 특히 장남인 득은은 아버지의 그런 결정에 크게 반발했다. 심지어 아버지가 버린 다섯 가지를 취한다는 뜻에서 자신의 호를 '오취'(五取)라고 짓기까지 했다.

서평 선교사와 최 목사를 보면, 서양 여자와 동양 남자이다. 자라난 지역을 방향으로 따지면 동과 서로 180도 정반대가 된다. 남녀가 유별했던 당시 한국 사회에서 이 두 사람이 같이 일하는 것은 불가능해 보인다. 그러나 그들의 사역이나 정신을 살펴보면, 해와 달처럼 서로 다르지만 똑같이 빛을 발했다는 공통점이 있다. 이들은 서로의 세계를 잘 이해하고 있었다. 광주에서 장례식을 사회장으로 치러준 이들도 이 두 사람이다.

서평과 최흥종은 1880년생 동갑내기이다. 서평의 생일이 9월 26일이고 최흥종은 5월 4일이어서 5개월 터울로 최흥종이 손위가 된 것이다. 서평은 최흥종을 존경하여, 최흥종이 3.1운동 사건으로 서대문형무소에 복역하고 있을 때는 영어 서적과 영문 성경을 차입해주었다. 덕분에 최흥종은 옥중에 있는 동안 풍부한 영어 실력을 갖추게 되었고 나중에는 초대 시베리아 선교사가 되기도 했다.

한편 최흥종도 서평을 아껴, 서평을 좋아하지 않던 동료 선교사들과 학생들이(5부 '동료 선교사들', 2부 '서서평 교장 흉내 내기' 참조) 선교회에 얘기해 서평을 미 본국으로 소환하려는 것을 막아주었다. 자기가 직접 미국 선교국을 설득하여 소환을 취소하도록 한 것이다. 그런 사이인데도 최흥종의 둘째딸은 서평을 한때 매우 미워한 적이 있다.

최 목사가 시베리아 선교사로 파송되었을 때 현지에서 비행사로 일하는 김창호라는 청년을 알게 되었다. 김창호는 러시아어에 능숙해서 최 목사의 선교 사역을 많이 도와주었다. 최흥종은 선교사 임기를 마치고 귀국할 때 이 청년을 데리고 와 광주 제중병원에 취직시켜주었다. 서평도 이 청년을 얌전하고 좋은 사람으로 보아서 최 목사에게 사위 삼으라고 권했는데, 최 목사는 거절했다. 자기는 김창호를 아들 삼으려고 데리고 왔기 때문이라는 게 이유였는데, 서평은 서로 성씨가 다른데 무슨 상관이냐며 강권했다.

이 낌새를 눈치챈 최 목사의 둘째딸은 불쾌하게 여겼다. 자기는 광주 명문가인 최씨 규수인데 어디 시집갈 데가 그리도 없어서 시베리아로 유랑다니던 무의무탁 외톨이하고 결혼하라는 것이냐면서 서평을 미워했다. 처음에는 이랬으나, 요즘과 달리 당시에는 부모가 시키는 일에 어쩔 도리가 없어 결국 두 사람은 결혼하였다. 이후 행복한 가정을 이루었고 두 사람 사이의 삼남 삼녀는 사회적, 국가적으로 훌륭한 위치를 차지하고 있다.

최 목사의 딸 얘기는 한낱 일화지만, 서평은 남의 귀에 거슬리든 말든, 자기를 미워하든 말든, 아니라고 생각되는 것은 무슨 말이든 설토해버리고 옳다는 일은 기어이 하고야 마는 성격이었다. 불요불굴(不撓不屈)의 느헤미야 총독을 떠올리게 만드는 사람이다.

김필례 선생

김필례는 서평보다 11세 연하로 같은 금정교회 교인이었다. 게다가 김필례는 수피아여학교 선생이었고 서평은 이일학교 교장이었으니, 인접한 지역의 기독교 학교에서 일하는 이웃 교육자들이었다. 이들은 사역에 있어서도 늘 같이 했다. 주일학교협회 사범과 선생 노릇을 같이한 동료지간이기도 하고(김필례는 교수법, 서평은 성경 교사), 서평이 전국여전도회 연합회를 조직할 때는 김필례가 중요한 역할을 맡기도 했다. 이런 점에서 두 사람은 쌍벽을 이루는 일꾼들이었다.

김필례는 한국에서 최초로 교회가 설립된 황해도 장연군 송천 출신으로 일본 동경여자학원, 미국 엑네스칼여자대학, 미국 콜럼비아 대학원을 졸업한 인재이면서 김규식 박사의 처제이기도 하다. 그의 친정 어머니는 오원 선교사(1898년 한국에 들어와 광주에서 사역했던 선교사) 부인과 가까이 지낸 사이로 광주에서 10년 동안 전도 활동을 했다.

김필례는 미국 에모리대학에서 의학박사 학위를 받고 돌아온 광주의 최영욱과 1918년에 결혼하며 8.15 해방 직후에는 전남지사이던 부군을 옆에서 보필했고, 수피아여학교 교장, 정신여자고등학교(제1회 졸업생) 교장과 이사장을 역임했다. 또 1922년에는 김활란과 함께 한국 YWCA를 창설했으며 전국여전도회 회장(17대~20대)을 역임하기도 했다. 한국 여성계의 거성이라고 할 만하다.

김필례는 서평에 대해 이렇게 말하였다.

"서평의 마음은 완전히 한국인이었고 성경대로 사는 분이었으며 고아였던 한국 아이를 입양하여 친아들처럼 키웠다. 자신의 영양실조는 돌아보지도 않고, 그저 양아들 먹는 것만을 기뻐해서 뭐든지 요셉에게만 먹였다. 한국어 발음도 한국 사람과 분간하기 어려울 만큼 유창한데다 웅변가였다. 나는 수많은 사람을 만나봤지만 그이만큼 머리가 비상하게 좋은 사람은 못 보았다. 한 감에 50전밖에 안 하는 한양사 치마를 입고도 기뻐하는 그 검소한 생활은 본받을 만하다. 나는 여태껏 살면서 한 번도 남에게 책망이라는 걸 들어본 적이 없는데 서평에게서 책망을 들었다. 하지만 그에 대해서 추호의 서운함도 느끼지 않는다. 나는 서평에게서 많은 것을 배웠다. 그녀는 한국 여성 해방에 지대한 역할을 했다."

또 눈물을 글썽이면서 "서평이 좀 더 오래 살았더라면 우리 한국을 위해서 얼마나 큰일을 했을까?"라는 아쉬움과 안타까움을 감추지 못했다.

조아라 자매

서평의 주변인들에게 서평에 대해 물으면 십중팔구가 조아라(광주 기장 한빛교회) 장로에게 가서 물어보라고 했다. 서평의 지인들 중 대부분의 사람들이 이미 타계하여 살아있는 사람들이 없을 뿐만 아니라 조아라만큼 서평에 대해 잘 아는 사람도 없다는 것이다. 조아라는 서평이 근무하던 광주 제중병원과 서평의 집 바로 옆에 있던 수피아여학교 출신이다. 졸업 후에는 모교에서 교편을 잡았고 서평이 경영하는 이일학교 교사도 했으며 서평과 같은 교회 교인이기도 했다. 때문에 서평을 누구보다 많이 만나고 가까이 교제했다고 할 수 있다.

그는 서평에 대해 한마디로 "우리 한국 여성들을 위해 큰 공로를 쌓았으며 우리 한국을 위해 전적으로 몸 바친 분이었다"고 표현했다. 구체적인 얘기를 부탁하자 "많은 선교사들이 한국에 왔었지만 나더러 진짜 선교사를 꼽으라고 하면 성경대로 살았던 서서평과 지금 방글라데시에 가 있는 K선교사뿐이다"라는 말을 했다.

서서평 전기를 제대로 쓰기에는 어쩌면 조아라가 적임자일 것이다. 그런데 그는 말을 아꼈다. 서평은 천국 사업 일로 노상 바빠 눈코 뜰 새 없었던 사람이었기에, 그가 만일 서평에 대해 말문을 열었다 하면 댐의 수문이라도 열린 것처럼 한없이 쏟아져 나올 것이기 때문이리라. 끈질기게 부탁하자, 그제야 몇몇 이야기를 들려주었다. 서평이 훌륭했다는 것은 누구나 아는 사실이니 새삼 말할 필요도 없고, 다만 성격(강한 정의감)이 자기와 비슷해서 더러 의견 충돌이 있었다고 한다.

어느 날 서평 교장이 이일학교의 교사진을 강화하기 위해 수피아여학교에서 교편을 잡고 있던 조아라를 끌어당겼다. 조아라는 민족의식이 강한 데다 아직 젊은 나이였던지라 선교사들이 조금이라도 한국 사람을 멸시하는 기색을 보이면 의분을 참지 못했다. 상대가 누가 되었든 쏘아붙이는 성질이었다. 그런 조아라가 이일학교에 와보니 기숙사 학생들의 음식이 말이 아니었다. 당시 같은 기독교 학교인 수피아여학교 기숙사 학생들의 한 달 식비 예산은 5원 50전이었는데 이일학교는 수피아여학교의 3분의 1도 못되는 1원 70전이었다. "두 학교 사이는 멀지 않은 거리요, 같은 한국 학생들인데 이래서야 되겠어요?"라고 민족적 의분감에서 서평 교장에게 따지자 서평은 자세한 실정을 털어놓으며 눈물을 흘렸다.

깊은 내막을 알고 보니, 결코 서평 교장이 한국 사람을 무시해서가 아니었다. 다른 선교사들은 하루 생활비가 3원인데 서평 교장의 생활비는 10전을 넘지 않았고 끼니는 강냉이 가루 죽과 조선 된장이 전부였다. 이렇게 산 것은 그의 수입이 없어서가 아니었다. 오로지 한국 여성과 가난한 한국 백성을 돕다보니 그렇게 된 것이었다. 이 사실을 알고 나니 아무리 강경한 조아라의 의분심도 봄볕에 눈 녹듯 하지 않을 수가 없었다.

조아라의 친정 언니인 조화임은 제중병원 종사원이었다. 그런데 이 병원의 회계 직원이었던 문안식이라는 청년과 교제해왔고 이제 결혼의 문턱까지 이른 상태였다. 문안식의 어머니는 박해라로 스무 살에 남편과 사별하고 혼자 두 아들을 키웠는데, 그중 하나가 안식이요, 둘째가 천식이다.

남편과 사별한 이듬해, 즉 박해라의 나이 스물한 살 되던 때 그녀보다 열한 살이나 많은 서평이 제중병원의 간호사로 오면서 두 사람은 친해지게 되었다. 그때부터 서평이 죽을 때까지 23년 동안 집에서도, 한 달 두 달 순회하는 산간벽지 전도 여행에서도, 이일학교를 경영하는 일에서도, 두 사람은 그림자처럼 같이 행동했다. 이 둘 사이는, 장기간 떠나는 선원이나, 출장이 잦은 공무원이나, 먼 거리 여행이 빈번한 상인이나, 어설픈 내외간보다도 가까워 어떤 사람은 동성애가 아니고서야 저렇게까지 붙어 다니겠느냐고 말할 정도였다. 따라서 서평도 안식이나 천식이를 친아들처럼 사랑했다.

그런데 안식이가 조화임과 결혼한다는 말을 듣자 아연실색했다. 서평은 두 사람이 결혼해서는 안 된다며 반대했다. 이유는 조화임의 외모가 그리 예쁘지 않기 때문이었다. 처음에야 젊은 나이에 사랑이 불타오르고 눈에 콩깍지가 씌워져 얼굴 흉터도 보조개처럼 아름답게 보일 테지만, 시간이 흘러 권태기가 오면 분명 안식이가 불만을 품게 될 것이라며 염려했다. 그러면 가정에 불화가 생기지 않겠느냐면서 극구 반대했다. 하지만 그들의 불타는 사랑을 꺾을 길이 없어 결국은 결혼을 하고 말았다. 그리고 이 부부는 누구에게나 찾아온다는 권태기도 겪지 않고, 살수록 애정이 깊어져 평생 금실 좋게 살았다. 강하게 반대하던 서평의 예언은 빗나가고 말았다.

서평은 임종시에 조화임에게 "요셉을 아들처럼 맡아 돌봐주십시오"라는 유언을 했고, 문안식에게는 "오래오래 해로를 누리세요. 결혼 반대한 것 대단히 미안하게 생각해요"라는 말을 했다고 한다. 그로부터 40여 년이 지난 때, 조화임은 신앙적으로나 사회적으로나 매우 훌륭한 자녀 8남매를 두고 73세(1980년 당시)의 나이에도 건강한 몸으로 생활하고 있었다. 광주에서 서울로 전주로, 이 아들 저 딸 집 순회하느라 바빴다. 시숙인 천식(기장 광주 양림교회) 역시 교회 장로와 광주 YMCA 이사로 활동하면서 사생활은 모두 하나님께 맡기고 하나님 일에만 전적으로 헌신하고 있었다. 이들의 신앙과 가치관도, 사욕을 버리고 평생 공익을 위한 삶을 살았던 서평 선교사로부터 이어받은 것이리라.

개인적 관계

서서평 선교사의 전기를 쓴다 했을 때 두 가지 질문을 받은 적이 있다.

하나는 "당신과 서 선교사가 무슨 관계가 있느냐?"는 것이고, 또 하나는 "그와 만나본 적이 있는가?" 하는 것이었다. 두 번째 질문에 "만난 적은 한 번도 없다"고 대답하니 "만난 적도 없는데 어떻게 전기를 쓸 수 있겠느냐?"고 되물었다.

이때 나는 시원스런 대답을 하지 못하고 뒤통수만 긁적거리고 말았으나, 곰곰이 생각해보면 일면식도 없다 해서 쓰지 못할 것도 없다. 신약성경 4복음서(마태, 마가, 누가, 요한) 기자 네 사람 중 두 사람은 예수를 직접적으로 알고 늘 같이 다녔던 예수의 제자들이었으니, 그들이야말로 예수의 전기를 쓰는 데 자격이 충분하다 하겠다. 그렇다면 예수를 만난 적이 없는 자는 쓸 수 없는 것인가? 그렇지도 않은 것이, 누가복음 기자인 누가는 예수의 제자도 아니고 예수를 만난 적도 없다. 그런데도 누가복음을 저술했을 뿐 아니라 다른 복음서에는 없는, 인류 구원에 중대한 역할을 한 말씀을 많이 쓰지 않았는가. 그래서 나는 서서평을 직접 만난 적이 없다고 해서 전기를 쓸 수 없는 것은 아니라는 확신을 갖고 이 책을 쓰는 데 주저하지 않았다.

그러나 "당신과 무슨 관계가 있느냐?"에 대해서는 아무래도 밝혀놓는 것이 도리인 듯 싶어서 솔직히 고백할까 한다. 내가 예수를 믿을 수 있는 여건이 형성된 게 서평 선교사 덕분이었다. 내가 살던 마을에 교회가 있었기에 교회에 가서 말씀을 듣고 믿게 되었는데, 그 마을에 교회가 세워진 것은 서평이 벌인 확장주일학교 때문이었다. 이렇게 해서 세워진 교회(광주 신안교회)에, 3.1운동 참가로 6개월간 복역한 바 있는 금정교회 김창호 집사가 사역자로 왔는데 이는 서평이 비용을 부담하여 파송한 전도사였다. 그 다음으로 이현필 전도사를 보내주었는데 나는 말할 것도 없고 내 온 가족이 그에게 받은 감화가 컸다.

이현필 전도사는 오래 전에 돌아가셨는데, 그를 성자로 알고 그의 신앙을 본받으려는 추종자들이 수없이 많다. 그에 관해서는 '맨발의 성자'라는 부제가 붙은 전기가 나와 있다. 나의 인생관 확립에 결정적인 영향을 미친 것도 그분의 삶과 신앙이었다. 그러면 그는 어떻게 그토록 많은 사람들의 마음을 움직여 따르게 할 만한 신앙을 갖게 된 것인가. 추측하건대, 이현필 전도사 역시 서평으로부터 큰 영향을 받았던 것 같다. 그래서 나는 비록 서평을 만나본 적은 없지만 그녀의 위대한 정신에 공감한 것인지도 모른다.

내 어머니 역시 마찬가지다. 마을에 교회가 없었다거나 그런 훌륭한 전도사를 보내주지 않았더라면, 청상과부가 가난한 살림에 많은 자식들을 데리고 어떻게 살았겠는가. 흑암같이 어두운 앞날을 걱정하는 눈물만 흘리며 집안에 탄식 소리만 가득했을 것이다. 그런데 그 교회와 그 전도사를 통해서 신앙을 갖게 되고 권사 직분을 받은 어머니는, 마을에서 '아무개 과부' 하면 모르는 사람이 없을 만큼 하나님 일에 봉사하며 사셨다. 그리고 천국에 대한 확신과 충만한 기쁨 속에서 세상을 뜨셨다.

그리고 하나밖에 없는 내 누이동생은 학령 초과로 학교에 입학할 수 없었는데, 이런 자들을 구제하기 위해 서평이 설립한 이일학교에 들어갈 수 있었다. 여동생은 그곳에서 배움과 신앙을 한꺼번에 얻었고, 마침내는 부인조력회 회장까지 역임할 정도로 하나님의 큰 일꾼이 되었다.

기독교인들을 만났을 때 내 이름을 대면 처음 듣는 이름이라 모른다 하다가도, 아무개 권사 아들이라거나 아무개 회장 오빠라 하면 바로 알아듣고 "아! 그러세요?" 하면서 반가워하는 경우가 종종 있다. 이런 대접을 받는 것은 신실한 권사이셨던 어머니와 조력회장이라는 누이동생 덕택으로, 어머니와 누이동생이 자랑스럽기만 하다.

누이동생이 조력회장이라는 명예로운 감투를 쓰게 된 것도 서평이 조력회를 조직했기 때문 아니겠는가. 조력회가 없었다면 회장 감투도 있을 리 없고, 평생을 살아도 큰 회의 참석 한번 못할 뿐 아니라 바깥세상은 구경도 못하고 응달진 집안에만 갇혀 지내다가 세상을 마치게 될 것이 뻔한 일이다. 그야말로 서평은 한국 여성 해방 운동의 선구자였던 것이다. 만일 서평이 없었다면 한국 여성의 권리가 오늘날처럼 향상된다는 것은 상상도 못할 일이다.

나의 편견인지는 모르겠지만, 만일 아버지와 어머니가 다투기라도 했다면 두말할 것 없이 어머니 편을 들었을 것이다. 왜냐하면 나의 인격 형성은 남성인 아버지보다 여성인 어머니로부터 더 큰 영향을 받았기 때문이다. 가정에서 그렇게 중요한 역할을 하시는 어머니가 여성이라는 이유로 폐쇄적인 윤리관에 얽매인다는 것은 생각만 해도 억울하다. 예속적인 봉건 윤리에서 한국 여성을 해방시키고 여권을 신장시켜준 서평은 우리의 은인이 아닐 수 없다. 거기에다 서평은 내가 과거에 느끼지 못했던 두 가지 사실을 깨닫게 해주었다. 그것이 무엇이냐면, 첫째, 나는 한국 민족인데도 동족과 조국에 대해 너무나 무관심한 가운데 허송세월했다는 것이다. 둘째, 내가 기독교 신자이면서도 신앙생활을 제대로 하지 못했다는 것을 서평의 생애를 통해 깨닫게 되었다.

내가 어렸을 때 너무도 자주 들은 단어가 있다. '서편 부인' '서푼 부인' '서평 부인' '서풍 부인' '석필 부인'…. 이 말들은 내 어머니나 예수 믿는 부인들이 노래 부르듯 곧잘 부르던 이름이다. 부인이라 하는 것을 보면 여자임은 분명한데 그 앞에 붙은 말들이 무슨 뜻인지는 알 수가 없었다. 여자가 서양에서 왔다 해서 서편 부인인지, 서푼의 가치도 없는 여자라는 말인지, 책 내용을 평가하는 일을 해서 서평 부인인지, 서양 풍속만을 고집하는 서풍 부인인지, 매끄럽고 단단한 사람이라서 석필(당시에는 공책이 비싸니까 공책 크기만한 판지 흑판에다 연필 대신 석필로 썼다) 부인인지, 도대체 그 말들이 무엇을 뜻하는지 궁금해하면서 수수께끼처럼 질문을 갖고 살아왔었다. 그런데 이 전기를 쓰면서 그런저런 뜻이 아니고 서평(舒平, Shepping) 부인을 일컫는 말이라는 것과, 수많은 부인들과 남자들의 입에 그 이름이 오르내린 이유를 알게 되었다. 그가 너무나 훌륭하고 존경받는 사람이다 보니 수시로 화젯거리가 되었고, 그래서 그 이름이 회자되었다는 것을 이제야 비로소 알게 되었다.

그래서 나는 나 자신과 우리 가족이 입은 은혜를 생각하며 그 공로를 기리는 데에 뜻이 있기도 하지만, 한편으로는 묻혀 있는 보화를 발굴하고자 하는 뜻도 있다. 이렇게 보화를 캐내는 즐거움도 크고, 또 캐낸 보화를 독점하기보다 널리 공개하여 다른 이들과 함께 감상하는 기쁨을 누리고 싶다. 하나 더 욕심을 부린다면, 내 자손들이 서 선교사의 삶과 신앙을 본받았으면 하는 바람도 있다. 그런 심정에서 그가 발을 디뎠던 곳, 그를 안다는 사람들, 그의 일이 기록되어 있는 자료 등을 찾고 만나고 가보느라 몇 해 동안 육로 수로를 헤매고 돌아다녔으며 먼 외국에 편지도 많이 보냈다. 그렇게 얻어진 자료들을 토대로 그의 행적을 어설픈 솜씨로나마 엮어 본 것이다.

6부

천국에서 만납시다

아직 힘이 있으니

서서평 선교사는 병고에 시달리면서도 쉴 새 없이 바쁜 생애를 보냈다. 짧은 시간에 실로 많은 일을 해낸 것이다.

한국간호협회와 부인조력회를 조직하여 지도, 운영하였고, 금주동맹을 만들어 거리와 시장에서 계몽운동을 벌였으며, 학교를 세워 손수 가르쳤고, 사경회 강사로 여기저기에서 말씀을 전했고, 구제 사역과 윤락 여성 구출을 위해 빈민촌과 유흥가를 누비고 다녔다. 또한 간호회지 제작 발간, 도서 번역, 집필, 출간, 전도 등으로 바쁜 것은 물론, 주일이면 교회 봉사와 확장주일학교 교사 동원 및 배치 등 모든 일을 자신이 직접 움직이고 뛰어다녀야 했다. 이러한 상황인지라 서평은 걷는 법이 없었다. 언제나 숨을 헐떡이며 뛰어다녔다. 그에게는 '걸음 보'(步)자가 무용지물이고 '달릴 구'(驅)자만 필요했다. 몸은 항상 말처럼 바쁘게 뛰어다녔고 일은 소처럼 우직하게 했다.

광주 제중병원 간호 과장이었던 마가렛 프리챠트는 "그녀는 열심히 일하는 사람이었지 안일하게 앉아서 일이나 시키는 사람이 아니었습니다"라고 회고했다. 그렇다고 해서 몸이 건강한 것은 아니었다. 1932년 6월 10일에 한국 교회 각 기관들이 여전도회 후원으로 선교 20주년 기념행사를 했는데, 통례적으로 하는 25주년보다 5년을 앞당긴 것이었다. 왜냐하면 서평의 건강 상태가 도저히 그 때까지 기다려주지 않을 것 같아서였다.

1932년 개성에서 모인 한국간호협회 총회에 제출한 보고서는 서평이 작성한 것인데 "지난해는 매우 분주히 지냈으며 가끔은 병중에서 지냈습니다"라고 병약했음을 스스로 고백하고 있다. 1933년에 제주 모슬포에서 2주일간 열리는 사경회 강사로 갈 때는 동행하게 된 스와인할트가 물었다. "그런 몸(스프루라는 열대성 장기관병으로 좀처럼 회복되기 어려웠음)으로 어떻게 하려고 가는가?" 하자 "건강이 회복된 후에 하자면 언제 하나님 일을 하겠는가?"라고 되물었다. 그러면서 약속한 일이니 반드시 가야 한다며 병상을 박차고 일어섰다.

당시 서평의 간호를 맡았던 마가렛 프리챠트는 "오래 전 일이라 서평에 대한 기억이 별로 없습니다. 그렇지만 위독하다 할 정도로 병세가 심각했는데도 '죽었으면 죽었지, 목숨이 붙어 있는 이상 가지 않을 수 없다' 하면서 담당 의사의 만류를 뿌리치고 나서던 모습만이 눈에 선합니다"라고 말했다. 이것만 보아도 그가 하나님 일을 위해서는 제 몸을 조금도 돌보지 않았다는 것을 알 수 있다.

서 선교사는 스와인할트와 박해라의 부축을 받아, 광주에서 목포까지는 기차로, 목포에서 모슬포까지는 이틀 반이나 걸리는 항해를 해야 했다. 당시 여객선은 세 칸짜리 집 크기 정도밖에 되지 않는 작은 배였다. 그나마 일등실은 금단추 단 옷을 입은 일본 관리들이 모조리 차지하였고, 삼등실에서 한국인, 일본인, 중국인 등 남녀노소가 뒤죽박죽 섞여 비좁게 끼어가야 했다. 파도가 칠 때마다 이리 밀리고 저리 쏠리면서 가다보면 배 멀미에 시달리고 그러다가 구토를 하기도 했다.

서평은 150리 또는 200리나 되는 먼 곳에서부터 모여든 해녀 학생들에게 성경 공부를 시켰는데, 옷도 남이 입혀주어야 할 만큼 쇠약한 몸에 따뜻한 물주머니를 허리에 얹고 침상에 누운 채로 가르칠 정도였다. 그때 동행했던 스와인할트는 병고에 시달리던 서평의 모습을 다음과 같이 떠올렸다.

"그녀는 오한에 몸 전체를 오들오들 떨면서 '내 붉은 피를 희게 만들고 내게서 힘을 앗아가 이렇게 꼼짝 못하게 만드는 이 지긋지긋한 고통은 도대체 무엇일까?' 말하고 흐느꼈다. 그리고 나에게 말하는 것이었다. '난 당신의 건강이 부러워요. 나는 가정을 심방하면서 복음을 전하고 싶지만 할 수 없군요. 어서 일어나서 나 스스로 펄펄 뛰어다니며 뭐든지 하고 싶은데 박 부인의 시중이나 받으며 이렇게 누워만 있다니 기가 막혀요. 이 허약한 몸이 너무나 미워요. 인내로 참으라는 구절을 인용하지 말아요…할 수 없어요, 정말로 할 수가 없어요!' 평소에 자제력이 강하던 그녀의 예기치 못한 감정 폭발에 나는 겁이 났다. 그녀는 쭈뼛쭈뼛 손을 내밀어 암사자 갈기 같은 머리카락을 쓰다듬으면서 자신을 진정시키려고 애썼다.

'아시다시피 난 간호사예요. 진료 도구들을 진열하고, 밤낮으로 환자의 뜨거운 손을 잡아주고, 베개를 고쳐 베주면서 창백한 얼굴의 땀을 닦아주었어요. 또 빛을 잃고 하얗게 굳어가는 입술에서 나오는 말에 귀를 기울여주었지요. 그런데 지금 내게 이런 절망이 닥쳐오다니, 견딜 수가 없군요.' 이렇게 말하면서 다시 부들부들 떨고 흐느끼는 것이었다.

나는 그를 어떤 방법으로도 도울 길이 없음을 알고 그의 방에서 조용히 나와버렸다. 그리고 부엌으로 가서 박 부인에게 서평 선교사 방에 불을 따뜻하게 때라고 일렀다."

서평은 한국간호협회를 국제간호협회에 가입시키기 위해 떠났던 2일 간의 동경 여행 때도 그랬고(1부 '한국 민족의 슬픔을 안고' 참조) 마지막 임종 전까지도 침대 위에서 학생을 가르쳤다. 이토록 서평은 병고에 시달리면서도 하나님 사업에만 심혈을 쏟았다. 동료 선교사였던 유화례(R.E. Root)는 "서평은 주님과 주님의 사업과 한국 사람들을 진실로 사랑했던 지칠 줄 모르는 일꾼이었습니다"라고 말했고, 조지 브라운이 쓴《한국 지역 선교사》에는 "그녀 자신의 병고로부터 떠날 날이 없었으므로 많은 날을 침상 위에서 학생들을 가르쳤고 그녀의 봉사는 수많은 사람들을 감동시켜서…"라고 기록되어 있으며 D. J. 커밍은 미 본국에 보내는 보고문 가운데 "천국 사업에는 그 사람을 따를 사람이 없다"고 했다.

이런 일도 있었다. 모슬포에서의 2주간 사경회가 끝이 나자, 서평은 동행했던 스와인할트에게 말했다.

"난 지금 건강 상태가 많이 좋아졌어요. 처음 올 때보다는 훨씬 회복됐습니다. 그래서 이제 나귀를 타고 천천히 이 섬을 한번 돌아보고 싶으니 박해라는 여기 놔두고 순이(제주에서 얻은 고아)만 데리고 광주로 돌아가시면 좋겠어요."

"그거야 형편대로 하시는 게 좋겠죠. 그렇지만 뭐가 그리 급하세요?"

스와인할트는 서평의 건강이 다소 소강상태라고는 하지만 광주에 돌아가 완전히 회복될 때까지 안정을 취했으면 해서 이렇게 말한 것이었다. 그런데 서평은 뜻밖의 대답을 했다. "급하고 말고요. 이 섬에는 교회만 해도 10개나 되고, 선교사가 순회 와 주기를 갈망하는 전도 처소들이 곳곳에 있는데도 아무도 이 섬을 돌아볼 시간을 내지 못했어요. 다른 일이야 미룰 수도 있는 것이고, 나는 여기 전도 부인들을 직접 만나보고 싶어요. 그러니 이왕 온 김에 약간 무리가 된다 해도 꼭 돌아보고 싶어요."

이 말을 들은 스와인할트는 이런 생각을 했다. '2주 동안의 사경회 인도야 이미 약속한 것이었으니 할 수 없이 왔다 치고, 약속을 이행했으니 이제 자기 건강을 위해서, 아니 더 많은 일을 하기 위해서 당연히 돌아가야 하는 것 아닌가. 건강한 몸이라면 몰라도…자기 말로는 회복되었다고 하지만 남 보기에는 그럴 만한 상태가 못 되는데 말이다.' 그 불타는 선교열에 감동한 스와인할트는 다음과 같은 글을 남기고 있다.

"찢기고 조각난 날개를 가지고도 더 큰 비상을 계획하고 있는 정열, 이 얼마나 아름다운 봉사의 비전이요 승리인가! 용맹스럽고 순수한 영웅적인 자질을 갖춘 그는 순교자의 길을 걷고 있다. 과로와 영양실조로 건강을 상한 서평이, 완전히 회복되지도 않은 몸을 가지고 죽음을 무릅쓰면서 선교의 임무를 수행하고자 거듭 무리하는 것은 그의 선배 나이팅게일에게서 받은 감화인지도 모른다. 나이팅게일도 과로로 열병에 걸린 적이 있는데 완치도 되기 전에 부상병들을 돌보았다고 하지 않는가."

누구도 따를 수 없는

1932년(여전도회 전국연합회가 광주에서 모이던 해) 6월 10일에 서서평의 선교 20주년 기념행사를 거행했다. 이 식에 참석한 어떤 선교사가 주최자에게 물었다.

"이런 기념식은 보통 25년 만에 하는데 20년 만에 하는 것은 무슨 뜻입니까?"

"서평 양의 건강 상태가 그때까지 지탱하지 못할 것 같아서입니다."

엉겁결에 튀어나온 소리였지만 실수도 이만저만 큰 실수가 아니었다. 서평이 듣기라도 하면 무척 서운한 말이겠지만 이것은 사실이었다.

"그러면 이런 행사를 꼭 해야 합니까?"

"…"

꼭 해야 한다는 법도, 하지 말라는 법도 없다. 그런데도 감행하게 된 것은 서평에 대한 호의의 표현이었다. 평소에 그의 공로와 은혜에 고마움을 느낀 개인이나 단체가 서평에게 성의 표시로 의복이라도 선물하면 어려운 사람한테 주어버렸다. 생일날 색다른 대접이라도 하려 하면 받아주지를 않았다. 자칫 잘못하면 하나님의 영광을 가로챌 수도 있고 또 그런 것들은 낭비라는 이유에서였다. 그렇다고 아무런 성의 표시도 안 한다는 게 한국 여성들로서는 허전하기 이를 데 없었다.

그래서 이번에는 서평을 위한 행사가 아니라 한국 사람들이 그의 훌륭한 정신을 본받는 계기로 삼는 데 목적이 있다는 등 옹색한 구실을 내세웠다. 사실은 한번쯤 그를 대접하는 것이 도리라고 생각한 사람들이 기획한 것이었다. 그래서 본인의 의사와는 상관없이 감행했다. 행사장인 이일학교 교정과 근처 산에는 사람들이 구름떼처럼 모여들었다. 기독교인들뿐만 아니라 불신자, 각계 사회단체 대표자, 교사, 교장들이었다. 행사의 각 순서들은 거의 다 그의 업적을 기리는 것이었다.

이 식에서 특이하고 감동적이었던 것은 기독교인도 아닌 한 청년의 연설이었다. "저는 기독교인은 아닙니다. 그렇지만 서평 교장이 진실로 가치 있는 삶을 사셨기 때문에 저는 기독교를 찬양하게 되었습니다"라는 것이 연설의 요지였다. 이 기념식은 이런 내용으로 끝났는데, 앞에서도 언급했듯이 서평의 건강이 나빠서 서둘러 행했던 것이다. 그 후로도 서평은, 병환 중에도 일본에서 모이는 국제간호협회에 참석했고 또 별세하기 전년에는 환자의 몸으로 제주도 모슬포에 가서 2주일간 사경회를 인도하고 일주일 동안 전 제주도를 순회 전도했다.

서평은 그렇게 강인한 정신력과 그 많은 사업을 수행하는 실천력의 소유자였다. 조지 브라운 박사는 《한국 지역 선교사》에서 이렇게 적고 있다.

"그녀는 진실로 위대한 선교사였고 그의 생애와 업적은 신화적이었다."

선교사 D. J. 커밍(광주 숭일학교장)이 미국 선교국에 보고한 글에는 "천국 사업에는 누구도 그를 따를 수 없다"라는 표현이 있다.

저자 역시 이 전기를 쓰면서 느낀 바가 많다. 어쩌면 그렇게 초인간적으로 살았을까 하는 점이다. 그가 말했듯이, 믿음으로 기도하면 능치 못한 것이 없다 하자. 그러나 믿고 기도한다는 것이 서평의 독점물도 전매특허품도 아니다. 믿는 이라면 누구나 그 권한을 부여받았으며 성경도 마음껏 읽을 수 있다. 그런데 왜 서평만이 그런 능력을 가졌던 것인가. 그녀는 한창 감수성이 발달할 나이에 독일에서 교육을 받았다. 여기에 신앙으로만 하면 무슨 일이나 가능하다는 확신과 근면성이 더해져, 브라운 박사의 표현처럼 '신화적인 존재'가 되었는지 모른다.

130일을 앓고

몇 년 동안 서서평이 앓았던 병이 정확히 무엇인지는 알려지지 않았다. 골수염, 간장염, 심장병, 열대성 스프루 등등 여러 병명만 회자될 뿐 정확한 병명과 원인은 밝히지 못했다. 어떤 의사는 괜찮다고 하기도 했고 심지어 엄살이 아니냐고 말하는 의사도 있었다.

그래도 서평은 하나님의 일을 하겠다는 의욕과 굳은 의지 하나로 병든 몸을 일으켜 돌아다녔다. 자신이 맡은 책임은 어떤 일이라도 수행하고야 말았던 것이다. 하지만 일에는 한도가 있다. 강철로 된 용수철도 한계가 있듯이 서평이 병을 참는 데도 한도가 있어. 결국은 영영 몸져눕게 되었다. 그것이 1934년 2월 17일이다.

회복될 가망이 없다는 의사들의 의견 일치를 본 것도 이미 오래 전이었고, 측근자들도 이제는 회생 가능성이 없음을 알고 그 시간만을 기다리고 있을 수밖에 없었다. 그런데 오후 4시쯤이나 되었을까. 별다른 조짐도 없이 서평은 눈을 감은 채 호흡을 멈추었다. 간병하던 박해라는 너무도 뜻밖에 혼자서 당한 일이라 덜컥 겁부터 났다.

병원이나 학교에 알리려고 보니 보낼 사람이 없고, 그렇다고 시신 혼자만 놓아두고 나갈 수도 없었다. 당황하여 옆방으로 갔다 부엌으로 갔다 현관을 들락날락 몇 번을 하다가, 호랑이에 물려가도 정신을 차려야 한다 했으니 정신을 가다듬어야겠다 싶어서 다시 시신 옆으로 돌아갔다. 그런데 죽은 줄 알았던 서평이 눈을 멀뚱멀뚱 뜨고 고개를 움직여 방안을 이리저리 둘러보면서 박해라에게 손짓을 하는 것이 아닌가! 박해라는 또 한번 놀랐다.

"교장 선생님! 어떻게 된 일이세요?" 묻자 서평은 다음과 같은 얘기를 하는 것이었다.

꿈에서, 서평이 천국에 들어가려 하는데 몸은 건장하고 턱수염이 텁수룩한 수문장이 근엄하게 문 앞에 서서 못 들어가게 막는 것이었다.

"왜 못 들어가게 해요?" 물으니까 "당신은 안돼요"라고 대답한다.

"나는 천국에 들어갈 자격인 신앙을 가졌어요. 하나님 말씀대로, 그리고 예수님께서 시범을 보여주신 대로 실천해온 사람이에요. 당신이 누구기에 못 들어가게 하는 겁니까?"

"나는 베드로요. 당신은 못 들어간다니까."

"사람 잘못 본 거 아니에요?"

"잘못 보긴 왜 잘못 봐. 당신 한국에서 온 서평 아니요?"

"맞아요. 그런데 왜 못 들어간단 말이에요?"

"당신의 그 성급한 성질을 고치고 오지 않으면 못 들어간단 말이요."

그래서 "알겠어요" 대답하고는, 수문장 베드로와 열두 진주로 찬란하게 단장된 천국 문만 잠깐 돌아보고 되돌아왔다는 것이다. 그러면서 서평은 "온유한 자가 복이 있나니 천국이 저의 것임이요"(마 5:5)라고 했는데 성질 사나운 자신이 감히 천국에 들어갈 수 있겠느냐면서 탄식하는 것이었다. 그런 일이 있은 후로도 계속 치료할 방법도 없고 회생할 가망도 없었다. '인사를 다하고(盡人事) 천명을 기다린다'(待天命)는 말도 있지만, 인사라는 것은 하나님께 기도하는 것뿐이다. 그래서 한국의 교회 전체와 선교사 일동이 서평을 위해 기도회를 가졌고 불신자들은 그들 나름의 신에게 빌었다.

그의 생명도 물론 귀하지만, 그보다도 그가 우리 한국에 더 오래 살아주었으면 하고 염원하는 이유는 서평이 늘 했던 말을 보면 알 수 있다. "내가 품고 있는 포부는 하늘만큼이나 원대하다. 그런데 이놈의 병 때문에 천직으로 알았던 병원 일도 포기해야 했고, 또 이 일학교 경영도 꿈꿨던 것의 몇 분의 1도 못하고 있다. 사명을 띠고 온 선교도 제대로 못하고…."

우리의 인생은 나그네 삶이요 본적은 천국에 있다(히 11:13-16) 했으니, 언제 가든 한번 가고야 말 몸이다. 그러니 하루라도 빨리 천국에 가는 것이 서평으로서는 나을 것이다. 그러나 한국 사람들의 입장은 다른 것이, 그가 조금이라도 더 살아서 우리나라 여성계를 위해 일해주었으면 하는 염원이 있었다.

그러나 생사는 하나님 소관인 만큼 우리가 기도한다 해서 살려주시고 안 한다 해서 데려가시는 것도 아니다. "서평을 더 두시든지 데려가시든지 오직 하나님 뜻대로 이루어주옵소서"하고 기도함이 옳을 것이다. 그러면서도 사람들은 서평을 잃으면 우리 한국에 손실이 크다는 것을 알고 있었다. 그래서 살려주셨으면 하는 기도를 끈질기게 드렸던 것이다.

측근자들은 이렇게 기도했다.

"하나님! 이왕 데려가시려면 한시라도 빨리 데려가 주십시오. 저토록 못 견디게 고생하는 것을 안타까워 도저히 눈으로 볼 수 없습니다. 아픔을 대신 겪거나 나누어 질 수도 없고 그저 의사를 귀찮게 쫓아다닐 뿐입니다."

의사가 하는 것은 진통제 주사나 약을 주는 정도였다. 그러나 그것은 병을 낫게 하는 데 도움되는 것이 아니라 일시적인 마취제에 불과했다. 서평은, 완치되어 3년만 더 하나님 사업을 할 수 있기 위해서거나, 한국간호협회를 정식으로 국제간호협회에 가입시키는 일을 마무리하기 위해서거나, 이일학교를 목표로 삼은 궤도에 올려놓기 위해서 하는 치료라면 몰라도, 일시적인 마취제는 거부했다. 왜냐하면 서평은 그 상태로 천국에 들어갈 수 없다는 것을 알게 되었고, 이 고통이야말로 본인을 회개시켜 천국에 보내려고 하나님이 주신 기회라고 생각했기 때문이다. 예수님의 십자가 고통을 조금이라도 경험하기 위한 질병이라고 생각했다. 이 마당에 병을 낫도록 치료하는 행위는 하나님의 뜻을 거역하는 것이 된다고 했다(대하 26:16-19).

서평은 마취 주사나 마취약 따위는 거부하면서, 오직 하나님의 뜻이 어디에 계신가를 깨닫기 위해 애썼다.

몸만 건강하면 무엇이나 할 수 있다는 교만함을 꺾으시기 위함인지, 몸이 건강하여 혈기로 저지르는 범죄로 하나님을 욕되게 하는 일을 막으시기 위함인지 모르는 일이니 감사함으로 달게 받을 뿐이었다. 또 죄 짐을 짊어지고 천국에 들어갈 수 없으니 회개를 촉구하는 아픔이라 여기며 과거의 잘못을 회개할 뿐이었다.

"하나님! 저는 성질이 급하여 많은 형제자매들의 마음을 상하게 했습니다. 나만 잘 믿는 줄 알고 자만심이 강하여 하나님의 자녀를 함부로 정죄했습니다. 간호사로 있으면서 인내심이 없다고 책망하여 환자의 마음을 아프게 한 일도 있습니다. 아버지! 긍휼을 베풀어주소서. 하나님 나라에 들어가는 데 지장 없도록 주님의 피로 이 죄인의 모든 죄를 사하여주시옵소서." 이것이 고통을 통해서 서평이 얻은 깨달음이요 회개였다.

욥은 '온전하고 정직하여 하나님을 경외하며 악에서 떠난 자'(욥 1:1)였다. 욥 역시 병명도 분명치 않은 염증으로 오랜 시일을 고생하면서도 하나님을 원망하거나 신앙에 조금도 흔들림이 없었다. 오히려 "결코 내 입술이 불의를 말하지 아니하며, 내 혀가 거짓을 말하지 아니하리라 나는 결코 너희(하나님을 저버리라는 친구들)를 옳다 하지 아니하겠고 내가 죽기 전에는 나의 온전함을 버리지 아니할 것이라"(욥 27:4-6) 하면서 신앙을 더 든든하게 했다.

수많은 상이군인들의 생명을 건져준 나이팅게일은 못된 열병에 걸려 오랫동안 고생하면서도 하나님을 원망하지 않았다. 인품이 욥과도 같고 직업이 나이팅게일과 같은 서평 역시 병중에도 여행해야 했으며, 병상에서 가르쳐야 할 만큼 하나님 사업에 지장이 많았다. 그럼에도 그 조건이나 지난 공로를 내세워 불평하는 일은 전혀 없었다. 이 병고를 통해서 감사할 일들이 너무도 많았다.

첫째는 하나님의 무한하신 사랑을 깨닫게 해주시니 감사. 둘째로 하나님 나라에 들어가기 위해 죄 씻음을 받을 기회 주심을 감사. 셋째는 주님의 고난을 만분의 하나라도 체험할 수 있게 해주시니 감사. 넷째 완전한 천국 백성으로 삼기 위해 연단 주신 것을 감사. 다섯째는 간호사로서 남의 아픔에 무감각했던 잘못을 깨닫게 되어서 감사. 여섯째로 한국 백성이 베풀어준 사랑에 감사. 일곱째, 몸을 의학 연구 자료로 제공할 수 있는 명예에 감사.

끝내 병명 진단도 내리지 못하고 운명하게 되었을 때, 서평은 자기 숨만 끊어지면 장기를 연구 자료로 삼아 다시는 자기와 같은 병으로 한국 백성이 고생하지 않도록 하라고 유언했다.

서평은 "사나 죽으나 주님 위한 몸이오니 죽더라도 오직 주님 위해 죽게 하여 주시옵소서" 하다가도 어떤 때는 "오, 하나님! 아픔을 덜어주시고 3년만 더 살게 해주십시오" 하는 것이었다.

천국에서 만납시다

서서평 선교사 침실의 전등 빛은 찌푸린 하늘처럼 어둠침침했다. 순천에서 달려온 알렉산더 병원의 노 의사, 타마자 선교사 부인, 제중병원 간호 과장 변마지, 23년간 그림자처럼 같이 다닌 박해라, 그리고 박해라의 두 아들 문안식과 문천식, 제중병원 직원으로 유독 서평의 사랑을 받은 조화임, 이일학교 교사 이봉림 등이 모두 모여 서평의 얼굴만 시름없이 지켜보고 있었다.

뒷동산의 부엉이도 잠들었는지 드문드문 들리던 울음소리조차 그쳤고, 진다리로 넘어가는 고갯길을 오가는 발걸음도 멎었다. 집을 둘러싸고 있는 숲도 잠들었는지 사위는 고요하기만 했다. 자정이었다. 몸져누운 지 넉 달하고 열흘, 서평은 더 이상 할 말도, 할 기력도 없는 듯했다. 지켜보고 있는 사람들도 아무 말도 하지 않았다. 귀찮게 하지 않는 것이 그를 위하는 일이라 싶어서였다. 서평은 수척한 몸을 잠깐 움직이는 듯 하다가 들릴락 말락 한 낮은 목소리로 "세 시 경에 천사들이 올 겁니다. 찬송을 불러주세요" 했다.

시름에 젖어 있던 이들은 그 자리에서 일어나 찬송을 부르기 시작했다. 창문 밖 푸른 풀밭에 여기저기 둘러앉아 있던 몇몇 학생들도 숙였던 머리를 들고 일어나 같이 부르기 시작했다.

"고생과 수고 다 지나간 후 광명한 천당에 편히 쉴 때 / 인애한 주 모시고 사는 곳 영원히 내 영광 되리로다 / 영광일세 영광일세 내가 누릴 영광일세 / 은혜로 주 낯을 뵈옵는 것 참 아름다운 영광이로다."

이 찬송을 부르자 서평은 미소를 지으며 어쩔 줄 몰라 했다. 바깥 소나무에서는 독수리가 합세하는 것인지, 방해하는 것인지 세차게 울어댔다. 전에 없던 일이었다. 힘찬 곡과 슬픈 곡을 섞어서 연달아 서너 장 불렀다. 그러고 나서 혹 무슨 변화가 있나 싶어서 서평의 얼굴을 들여다보았다. 모두들 무거운 표정이었고, 침묵이 이어졌다.

서평은 약간 고통을 느끼는 듯하다 원기를 잠깐 되찾아서, 몇 달째 계속되는 병간호에 지쳐 고개를 떨구고 있던 박해라의 어깨를 흔들었다.

"나는 하나님의 부르심을 받아 갑니다."

모두들 올 것이 오나보다 하면서 별로 놀라지도 않았다. 그저 서평의 얼굴을 들여다보고 있을 뿐이었다. 서평은 그 자리에 있는 사람들 한 사람 한 사람의 얼굴을 유심히 바라보았다. 시선이 골고루 마주쳤다. "이제는 아무것도 할 말이 없습니다. 먼저 가니 하늘나라에서 다시 만납시다"하고는 오른팔을 번쩍 치켜들고 "할렐루야"를 힘차게 외치는 것이었다. 그리고 손을 다시 배 위에 내려놓고 반가운 사람이라도 만난 듯 활짝 웃었다. 그 웃는 모습 그대로 숨을 거두었다.

때는 새벽 4시, 하늘 문이 열리기 시작할 때였다. 어슴푸레한 동쪽 하늘의 베일이 걷히고 있었다. 이날은 서서평 선교사가 하늘나라에 입국한 1934년 5월 26일이다. 옆에서 임종을 지켜봤던 사람들로서는 더 오래 살아주었으면 하는 아쉬움이 컸지만, 그래도 기뻐했다. 천사들의 영접을 받아 주님 앞으로 갔다는 것을 알고 있기 때문이다.

그런데 이상한 일은, 그때 난데없이 독수리가 울었다는 것이다.

"죽음 있는 곳에 독수리가 모일지니라(마 24:28)는 말씀이 있지 않아요?"하면서 약간 걱정스런 기색을 보이는 사람이 있었다.

"예, 맞습니다. 그건 마귀의 상징입니다. 서평의 믿음을 꺾으려고 최후까지 발악한 겁니다. 그러나 꺾지 못했습니다. 얼굴을 보세요. 승리감이 넘치지 않습니까?"

또 다른 사람이 말했다.

"이스라엘 백성에게 하나님께서 '독수리 날개로 너희를 업어 내게로 인도하였음을 너희가 보았느니라'(출 19:5)고 하시지 않았습니까?"

"그렇군요! 서평의 떨 듯이 기뻐하는 모습을 우리가 보지 않았어요? 보세요, 활짝 웃는 저 모습."

"우리도 잘 믿어 뒤따라갑시다."

이런 얘기를 주고받고 있는데 바깥에서 방남득(만주 안동에서 온 학생)이 들어왔다.

"세상 뜨셨어요?"

"오냐, 하나님 앞으로 가셨단다." 방남득은 "나는 어쩌라고!" 하면서 왈칵 울음을 터뜨렸다. 누군가 "울긴 왜 우니? 하늘나라에 가서 또 만나 뵙게 될텐데…"라고 말하자 방남득은 옷고름으로 눈물을 닦으면서 말했다.

"피곤해서 깜빡 잠이 들지 않았겠어요? 그런데 하늘에서 합창 소리가 들리는 거예요. 전에 한 번도 들어보지 못한 노래였어요. 어쩌면 그렇게 아름다운지, 황홀경에 도취되어 있는데 친구가 깨우는 겁니다. 순간 친구가 무척 미웠어요. 그 좋은 음악을 못 듣게 방해했으니까요. 그런데 선생님께서 세상을 뜨셨다고 하잖아요…아이고, 우리 어머니 서 교장님! 나도 뒤따라갈래요. 그 동안 하나님과 같이 잘 계셔요!" 하면서 울부짖었다. 바깥에 있던 학생들이 우르르 서평 방으로 모여들었다. 흰 저고리에 까만 통치마를 입은 이일학교 학생들인데, 일제히 울음을 터뜨렸다. "우리 어머니이!" 하면서.

여기서 빠뜨릴 수 없는 것이 서평의 유언이다. 이 유언들은 사람들을 한자리에 모아놓고 한 것이 아니라, 그때그때 옆에 있던 이들에게 했는데 내가 모아보았다.

모두에게는 "하늘나라에서 다시 만납시다", 브라운에게는 "호흡을 거두면 시체를 해부하여 연구 자료로 삼으십시오", 타마자에게는 "장례 치르고 남은 내 살림은 조화임에게 주십시오", 조화임에게는 "요셉이를 아들처럼 맡아주세요", 문안식에게는 "화임과 오래오래 같이 잘 살아요. 결혼 반대한 것 미안하게 생각해요", 오복희에게는 "광주천 강변 빈민들에게 전도해라"고 말한 것이 서평의 유언이었다.

마지막 순간

유언에 따라 서서평의 심장과 비장 등 오장육부는 모조리 유리병
에 담겨지고 그 대신 볏짚으로 뱃속을 채워 바늘로 꿰맸다. 그때에
야 비로소 많은 질병이 그를 괴롭혔다는 것을 알게 되었다고 한다.
시신의 얼굴은 아름답게 화장하고 몸에는 페이트빌에 있는 미국
교회 여전도회에서 마련해준 하얀 드레스를 입혔는데, 얼굴이 어
린아이처럼 예쁘고 살아 있을 때처럼 부드럽게 보여서 시신이라고
할 수 없을 정도였다. 입관할 때 유리 뚜껑으로 덮어 시신을 들여다
볼 수 있도록 했는데, 그 얼굴이 너무나 아름다워 모두 신기해했다.
　관 싸개는 부잣집으로 시집보낸 양딸 곽애례가 비단으로 아름답
게 준비하였고, 관을 메울 만큼 많은 백합화와 장미꽃은 선교사들
집에서 가꾼 것들이었는데 그 향기가 온 사방에 그윽하게 퍼졌다.
관구를 박물관 진열장처럼 차려놓고 '위인의 죽음' 또는 '성인의

죽음'이라 하여 구경하도록 했는데, 도청과 기타 관청, 학교 등 각 단체에서 온 조문객들에게는 마음대로 들여다보게 하고 분향 대신 묵도하도록 했다.

당초는 교회장으로 할 계획이었으나 여론에 따라 사회장으로 했다. 사회장을 주장한 인사들은 기독교 신자가 아닌 사람들이었다. 애국 단체 계유구락부 조직 책임자로서 민족 운동의 중심인물이었던 최원순, 호남은행 전무이사 김신석 외 회원들, 동경 히비야공원(동경 일비곡공원)에서 3.1운동을 모의했던 동경 유학생 김용환, 최경식, 최인식, 김범수, 정상호, 정광호, 최한영 등이었다.

장례식에 참례한 인사들 중에는 야지마(시도) 전남 지사, 사또(좌등) 경찰부장 등 각 부장 이하 공공기관의 과장과 직원들이 있었고, 광주 시내 일본인들까지 하오리나 하까마(일본 예복)를 입고 나왔다. 운구는 백설 같은 소복을 차려입은 이일학교 학생들이 했고, 행렬 선두의 꽃다발은 서평 교장이 가장 사랑했다는 학생 오복희가 들었다. 수백 명에 이르는 걸인과 한센병자들이 "어머니! 어머니이!" 하면서 뒤를 따르는데, 비행기 소리처럼 큰 울부짖음에 눈물이 바다를 이루었다.

평양과 서울에서도 조문객들이 많이 왔고, 참석한 조객들은 기독교인이든 비기독교인이든 간에 전부 다 저고리 소매에 검은 완장을 둘렀다. 몰려든 인파로 오원 기념각에서 뒷동산 묘지까지 인산인해를 이루었다. 광주 유사 이래 처음 갖는 사회장이었던 것이다. 별세 후 12일 만인 7월 7일에 오원 기념각에서 추도식을 거행했는데 그 식순은 다음과 같다.

사회 – 최흥종(고인이 오빠라 부르던 가장 친한 목사)

개식

찬송 – 274장

기도 – 이경필(고인이 섬기던 금정교회 목사)

성경 낭독 – 김창국

식사 – 김신석(사회인 대표)

약력 – 최병준(전남노회장)

합창 – 수피아, 찬양대

추도사 – 김필례(여성계 대표), 최원순(사회장 주장자, 계유구락부 창설자)

묵도 – 1분

추도문 – 이효경(한국간호협회 대표), 김원식(광주 이일학교 대표)

찬송 – 3장

축도 – 노나복(미국 선교사 대표)

폐회

　　장례식과 추도식에서 특이한 점은 고인이 독일계 미국인인데도 장례 형식을 전부 한국식으로 한 것과 추도식에서도 모든 순서를 한국인이 맡아서 했다는 것이다. 마지막 축도만 미국인이 했다. 미국인 선교사 노나복이 축도를 한 것은, 그가 선교사 대표이기 때문이기도 했지만 또 다른 의미도 있다. 그는 미국 대통령 후보 물망에까지 올랐던 사람이다. 한국의 미국인 선교회는 3.1운동을 암암리에 후원하고 있었는데, 한번은 이에 대해 의논하기 위해 미국인 선교사들이 미국 대사관에서 회합을 갖게 되었다.

노나복은 호남지구 미국 남장로교 선교사 대표로 이 회의에 참석하기 위해 부부 동반하여 자동차로 상경하던 중에 사고를 당했다. 수원 근처 철도 건널목에서 열차와 충돌하는 바람에 노나복은 한쪽 눈을 잃었고, 부인은 귀머거리가 되고 말았다. 그래서 노 목사를 한국의 독립운동 유공자로 인정하고 이 장례식에 참여케 한 것이었다. 참고 삼아 세브란스간호학교 설립자이며 세브란스의 천사라 일컬어지던 에스터 루카스 쉴스 선생이 쓴 서평의 약력 일부분을 여기에 옮겨 적는다.

"…서평의 생애와 또한 한국에 있어서의 하신 사업에 대해서는 한 권의 서책으로도 부족할 것이다. 1928년 5월 평양에서 개최되었던 그 매년회에 있어서 그가 한국간호협회 귀중으로 통신한 그의 원대한 포부와 목적은 할 수 있으면 기록해야 우리도 또한 그와 같은 목적과 이상을 가지고 우리가 위하야 일하는 그들에게 영육의 지복을 아울러 줄 수 있도록 실제적 욕망을 가져야 할 것이다(생략).

서평은 군산과 광주뿐 아니라 세브란스병원에 있어서 여러 가지 사업과 교육에 종사하시는 중 기외 긴급한 문제를 해결하는 일이라든지 혹은 한국 간호사업의 최선한 전진책을 위하여 먼 장래의 필요일까지 계획하시기에 모든 기회를 잃지 않고 이용하셨으므로

과연 한국 안에 있어서 간호사로서나 또한 간호 교육자로서 하신 그의 사업은 예상할 수가 없다….″

그의 시신은 선교사촌 뒷동산 선교사 묘지에 누워 있는 모습으로 길게 안장되었다. 왼쪽 방향이 정남향이다. 생전에 화순 지방 순회 전도차 말 타고 넘어 다니던 화순 너릿재가 바로 건너다보이고, 몸을 조금만 왼쪽으로 돌리면 호남의 웅도 광주시가 한눈에 내려다보이며, 오른쪽에는 호남신학교가 울창한 숲속에 자리 잡고 있다. 이 호남신학교는 서평과 아주 친했던 어비신 선교사가 세운 농업실습학교가 발전하여 된 학교다.

후면에는 사직공원이 병풍을 쳐놓은 듯 모진 삭풍을 가로막고 있다. 떡판처럼 네모꼴로 납작한 대리석 묘비에는 고인의 성명, 생년월일, 별세 연월일과 함께 '광주 금정교회 건립'이라 새겨져 있다. 이 동산에는 수령 백 년 이상을 헤아리는 묵은 소나무, 참나무, 아카시아, 팽나무, 미국 은행나무, 미국 호도나무 등이 하늘을 치받들듯 높이 우거져 있다. 그래서 여름에는 뜨거운 햇볕을 가려 묘를 서늘하게 해주고, 겨울에는 나뭇가지들에서 울려나오는 음악을 들려주고 있다. 또한 숲속에 드문드문 끼어 있는 백일홍은 그 주홍 빛깔로 푸른 숲을 한층 더 아름답게 수놓고 있다. 뻐꾸기, 참새 등 여러 종류의 새들이 심심찮게 목청을 가다듬어 부르는 노래는 영혼을 위로하는 것 같다.

이때(1934. 6. 28) 동아일보는 4단 특종기사로 서평의 서거를 보도했는데, '생전에는 재생한 예수' 였다고 표현하면서 '자선, 교육 사업에 일생을 바친 빈민의 자모 서서평 양 장서'라는 제목으로 대서특필했다. 그의 동역자이던 선교사 스와인할트는 저서 《아름다운 생애》 마지막을 아래와 같은 구절로 장식하고 있다.

"서서평 선교사는 마음 속 깊이 주님의 사업을 간직하고 이 일을 위해서 일생을 바쳤다. 그녀의 수고한 생애가 순금과 보석으로 남겨진 바 그 이름은 한국 교계 여성들에게서 영원토록 빛날 것이다. 이 보석은 그녀를 사랑했던 사람들과 그녀가 다져놓은 유업을 계승할 사람들의 노력으로, 다음 찬송 가사처럼 밝고 영화롭게 비칠 것이다.

예수께서 오실 때에 그 귀중한 보배 남는 것 하나 없이 찾으시겠네 / 새벽별 같은 보배 면류관에 달려서 밝고도 영화롭게 비치시로다."

서서평(徐舒平, E. J. Shepping) 선교사는 독일계 미국인으로 한국에서 활약했던 간호 선교사다. 그녀는 미국 남장로교 선교국에서 세계 각국에 파송했던 수많은 선교사들 중에서 훌륭한 선교사로 인정받은 일곱 사람(중국, 일본, 한국, 브라질 등) 중의 한 사람이다. 게다가 서서평에게만 '드보라'(이스라엘 12사사 중 단 한 사람의 여사사이며 선지자)라는 부제가 붙어 있다.

　서평의 죽음 당시 동아일보는 서평을 '재생한 예수'라고 하면서 대서특필했고, 조지 브라운 박사는 《한국 지역 선교사》에서 '신화적인 존재'라고 기록했으며, D. J. 커밍 목사는 '천국 사업에는 그를 따를 만한 자가 없다'라고 미 본국에 보고했다. 또 양딸인 이홍효는 '작은 예수'라 칭하였다. 이들의 증언을 좀 더 구체적으로 나타내 보이고자 했던 것이 이 책을 쓰게 된 동기다. 독자가 부담 없이 읽을 수 있도록 수필 형식으로 서술했다. 그런데 나의 필력 부족으로 서서평의 광채가 십분 드러나지 못한 아쉬움이 크다.

　여기에서 다만 염려되는 것은 '재생한 예수'라 일컬어질 만큼 위대한 분의 인품에 혹 티라도 묻힐까 하는 점이다. 그렇게 되면 후일 하늘나라에서 무슨 면목으로 그분을 대할 것인지 두렵다. 다른 한 가지는, 보화 닦는 기술이 너무 부족해서 그 광채를 십분 빛내지 못한다거나 그의 인간상을 제대로 그려내지 못할 뿐 아니라 자료 조사 부족으로 올바른 전기가 되지 못하면 어쩌나 하는 염려다.

다만 이 저서를 출판하게 된 것과, 이로 인하여 서서평과 관련 있는 각 기관과 단체들이 묻혀 있던 보화를 발굴했다는 반가움을 표하며 기념사업과 기념행사를 가지려고 하는 것을 보니 보람을 느낀다. 어떤 교단 부인회에서는, 같은 교파가 사분오열 갈라져 서로 등을 돌려야 할 만큼 소원해진 이때에 이 책을 계기로 각 교단 부인회원들이 서서평 당시의 조력회처럼 함께 모여 서로 얼굴을 마주하는 화기애애한 분위기를 되찾았으면 하는 바람을 갖게 되는 것 같다. 이 전기를 영화화했으면 좋겠다는 말을 들을 때도 보람을 느낀다.

이 어설픈 글을 출판하기 전에 연재할 수 있도록 지면을 내주셨던 《간협신보》의 김모임 회장과 《새가정》의 김동석 주간께 감사드리며, 책 머리에 붙이는 글을 써주신 여러 분들과 집필을 격려해주신 연세대학교 간호대 학장 전산초 박사, 그리고 편집을 조언해주신 강석호, 박연구 선생에게 심심한 사의를 표하는 바이다.

1980년 초가을에, 백춘성

1880년   9월 26일 독일에서 탄생. 일찍이 아버지를 여읨.

1883년   겨우 세 살에 아버지를 여의었는데, 어머니마저 미국으로 가버리고
          할머니에게 양육받음.

1891년   할머니가 별세하자 어머니 있는 미국으로 건너가 에리스섬에서 8년
          만에 재회.

1899년   뉴욕고등학교 졸업.

1901년   뉴욕시립병원에서 간호학 전공.

1908년   뉴욕 브루클린 유대인 병원에서 수간호사로 근무하다가 사임하고, 뉴
          욕시립성서사범학교에 입학하여 W. 화이트 박사 지도 하에 성서학을
          수학.

1912년   뉴욕시립성서사범학교를 졸업하고 북미합중국 남장로교 외국선교국
          파송으로 미국을 떠나 2월 20일에 광주에 도착하여 제중병원에 근무
          하면서 한국어와 한국 풍속을 익힘.

1916년   군산 구암예수교병원 근무.

1917년   서울 세브란스병원에 근무하면서 세브란스병원 간호학교 교사로도
          일함.

1919년   3.1 운동 사건으로 다시 광주로 내려와 제중병원 근무.

1921년   5월 17일 광주 진다리교회(현 백운동교회) 설립.

1922년   가정에서 간역양성학교를 설립하여 성경을 가르침.

1922년   12월 부인조력회 조직.

1923년   간역양성학교를 양림교회(현 기장) 앞으로 이전하여 인가를 받고 정식
          학교로 발족.

1923년   한국간호협회를 창립하여 초대 회장으로 피선.

1924년   5월 30일 한국간호협회 제2회 총회를 서울 남대문교회에서 가짐.

1925년   3월 12일 한국간호협회 제3회 총회를 세브란스병원에서 가짐.

1925년	부인조력회를 전남노회에서 정식 인준함.
1925년	8월 제주도 모슬포교회에서 부흥회를 인도하고 여러 교회에 조력회를 조직.
1826년	양성학교 교사를 신축하여 이전하고 교명을 광주 이일학교로 바꿈.
	부인조력회를 전북노회에서 정식 인준함.
1927년	부인조력회를 군산노회에서 정식 인준함.
	부인조력회를 부인전도회로 개칭하고 원산에서 모인 예수교장로회 총회에서 정식으로 승인받음.
1928년	5월 10일 한국간호협회 제6회 총회를 평양연회기독병원 간호사 양성소에서 가짐.
1929년	5월 8일 한국간호협회 제7회 총회를 세브란스병원에서 가짐.
	7월 캐나다에서 모이는 국제간호협회에 한국간호협회 대표로 참석했다가 미국에 들려 공부함.
1930년	8월 미국에서 돌아옴.
1932년	3월 28일 국제간호협회 가입 문제로 한국간호협회 임시총회를 세브란스병원에서 가짐.
	5월 10일 한국간호협회 제10회 총회를 개성 남성병원에서 가짐.
	일본 동경에서 모이는 일본 적십자간호사 회의에 한국간호협회를 가입시키기 위해 교섭차 참석.
1933년	5월 10일 한국간호협회 제11회 총회를 대구 동산병원에서 가짐.
1934년	2월 17일부터 몸져누움.
	5월 16일 한국간호협회 제12회 총회를 세브란스병원에서 가졌는데, 회장임에도 불구하고 와병으로 참석하지 못함.
	6월 26일 오전 4시 광주 양림동 자택에서 서거. 향년 54세.

| 광주 이일학교(현 한일장신대학교) 교장실에 앉아 있는 서서평 선교사

2 양자인 요셉을 업고 있는 서서평 선교사　　　3 국제간호협회에 참석했다가 방문한
　　　　　　　　　　　　　　　　　　　　　미국 어머니 집 앞에서(1929년)

⁴ 세브란스 간호학교 교사 시절. 왼쪽에서 네 번째가 쉴즈 간호사,
여섯 번째가 서서평 선교사, 오른쪽 끝이 어비신 원장

⁵ 국제간호협회에 참가한 간호사 이금전, 서서평, 이효경(앞줄 왼쪽부터)

240

6 광주 이일학교 교정에 세워진 서서평 선교 20주년 기념비.
이후 전주한일여자신학교(현 한일장신대학교)로 옮겨졌다.

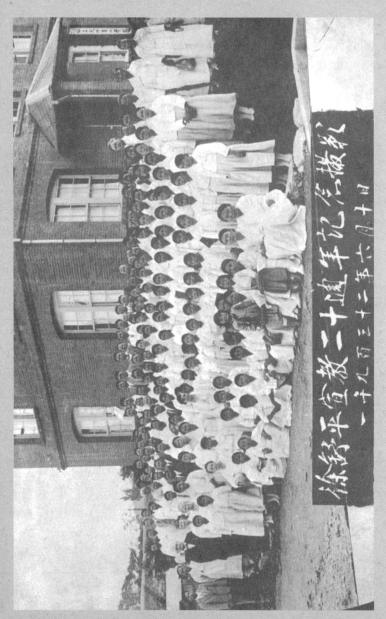

7 서서평 선교 20주년 기념식에서 각 교회 부인조력회 대표들과 사회단체 기관장, 학교장들이 광주 이일학교 교사 앞에 섰다. 왼쪽 검은색 양복 입은 남자 바로 옆의 흰 한복을 입은 이가 서서평 선교사(1932.6.10)

8 광주 이일학교 과학과 제2회 졸업 기념(1929. 3. 19)

9 광주 이일학교 제1회 졸업 기념(1931. 3. 16)

10

11

12

10~12 서평은 광주 이일학교 학생들에게 양잠과 직조 기술을 가르쳐 학자금 마련의 길을
열어주었다. 학생들이 10 뽕을 따고 11 직조하고 12 누에고치를 따고 있다.

¹³ 한국을 방문한 서서평 선교사의 조카 헨니시이(왼쪽에서 네 번째)가 성묘하기 위해 산소를 찾았다(1968년 3월 15일).

¹⁴ 미국에서 이종사촌들과 한때를 보내는 서서평 선교사(왼쪽부터 두 번째)

15 양자 요셉과 함께 뒤에 서 있는 이는 서평의 조력자 박해라

16 부인조력회 대표들이 광주에 모였다(1925년).
앞줄 왼쪽의 키가 큰 이가 서서평 선교사

17 부인조력회 대표들. 앞줄 다섯 번째부터 노나복 목사의 부인, 김필례, 서서평 선교사

18 전남 노회 산하 부인조력회 우승팀. 영광읍교회(1933년)

19 광주 이일학교 졸업 기념. 성경과 제3회, 과학과 제1회. 앞줄 중앙이 서서평 선교사.

20 광주 이일학교 졸업 기념. 보통과 제3회, 성경과 제7회. 뒷줄 중앙이 서서평 선교사.

: 천천히 평온하게